ars vivendi

Der Ausflugs-Verführer Weinfranken 2

Von Jan und Thilo Castner

Ein ars vivendi Freizeitführer

Autoren dieser Ausgabe:
Jan und Thilo Castner

Idee und Konzeption der Reihe:
Ulrich Schall, Gerhard Seidl und Linda Walz

Abbildungsverzeichnis:
Jan Castner: S. 13; Thilo Castner: S. 27, 28, 33, 35, 73, 74, 81, 94, 107, 109, 116, 117, 137, 143; Herbert Esser/fotolia.com: S. 62; Danieloizo/dreamstime.com: S. 102; D.j.mueller/www.wikipedia.org: S. 14; Fremdenverkehrsamt Uffenheim: S. 138; gabrielejasmin/fotolia.com: S. 144; garteneidechse/fotolia.com: S. 47, 54; Gemeinde Markt Nordheim: S. 129, 130; Gemeindeverwaltung Oberhaid: S. 20, 22; Krom/fotolia.com: S. 123; Udo Kruse/fotolia.com: S. 56; Dieter Maaß: S. 49; Meintzinger: S. 111; Michel Tailefer, Rechte: KuK Dettelbach: S. 60; mojolo/fotolia.com: S. 86; prill/istockphoto.com: S. 89; Ingrid Reifenscheid-Eckert: S. 114; Foto-Studio Schwab, Remlingen: S. 67; Touristinformation Zellingen: S. 40, 42; travelpeter/fotolia.com: S. 46; vom/fotolia.com: S. 100; vora/istockphoto.com, S. 86; weide86/fotolia.com: S. 96; Oliver Wieser, Rechte: Landkreis Main-Spessart: S. 68; Winzerhof Soldner: S. 121.

Bei der Realisierung dieses Buches ließen wir größtmögliche Sorgfalt walten. Falls Informationen dennoch falsch oder inzwischen überholt sein sollten, bedauern wir dies, können aber auf keinen Fall eine Haftung übernehmen.

1. Auflage November 2013
© 2013 by ars vivendi verlag GmbH & Co. KG, Cadolzburg
Alle Rechte vorbehalten
www.arsvivendi.com

Umschlagfotografie: Udo Kruse/Fotolia.com
Lithografie: Reprostudio Harald Schmidt, Nürnberg
Lektorat: Julia Göpfert
Satz: Christine Richert, www.typoholica.de
Karten: Ingenieurbüro Dieter Ohnmacht, Frittlingen
Umschlaggestaltung: ars vivendi verlag
Druck: Westermann Druck GmbH, Zwickau
Printed in Germany

ISBN 978-3-86913-283-9

Inhalt

	Vorwort	8
1	*Ebelsbach*	10
	Rund um die tiefen Stollen voller Winzersekt	
2	*Unterhaid*	18
	Wo Wein- auf Bierfranken trifft	
3	*Altmannsdorf*	25
	Kräftige Weine vom Gipskeuperboden am Steigerwald	
4	*Wipfeld*	31
	Berühmt durch seine Weine und Dichter	
5	*Himmelstadt*	38
	Frankens Wein- und Weihnachtsdorf	
6	*Gaibach*	44
	In der Volkacher Mainschleife von Weinlage zu Weinlage	
7	*Oberschwarzach*	52
	Beim Geburtshelfer des Müller-Thurgaus	
8	*Neuses am Berg*	58
	Im Herzen des unterfränkischen Weinanbaus	
9	*Homburg am Main*	64
	Dem Himmelreich ganz nahe	
10	*Kitzingen*	71
	Eselsberg und Kaiser Karl	
11	*Schloss Crailsheim*	77
	Weingenuss in Schloss Crailsheim	
12	*Großheubach*	84
	Weinkultur am Bischofsberg	

13 Sommerhausen 92
Wein und Kultur

14 Iphofen 98
Weinoase zwischen Aschenberg und Kalbberg

15 Frickenhausen 105
Einst Lieblingsort der Würzburger Bischöfe

16 Hüttenheim 112
Kirchenburgweinfest und kulinarischer Dorfspaziergang

17 Bullenheim 119
Paradiesische Weinlagen

18 Nordheim (Markt) 126
Ein Weinspaziergang mit Ruine, Schloss und Cidre

19 Weigenheim 134
Auf dem Weinparadiesweg vom Langen Berg
zum Kapellberg

20 Ipsheim 141
Eine mittelfränkische Weinidylle

Zu den Autoren 147

Register 148

Kleines Abc der empfohlenen Frankenweine 152

Nützliche Adressen 158

Vorwort zum neuen Weinfranken-Verführer

Mit einer Anbaufläche von knapp 6.000 Hektar zählt Franken zu den kleineren Weinanbaugebieten in Deutschland. Die Mehrzahl der fränkischen Weinberge liegen im Maintal, und hier, in den kleinklimatischen Lagen, wächst an warmen, sonnenreichen Tagen ein Wein heran, der höchsten Qualitätsanforderungen genügt. Das hat sich offensichtlich unter Weinkennern herumgesprochen. So war es keine Überraschung, dass der erste *Weinfranken-Verführer* auf große Resonanz gestoßen ist.

Im Frankenland gibt es jedoch wesentlich mehr Weinorte und attraktive Weinwanderwege, als im ersten Buch untergebracht werden konnten. So entschlossen sich Verlag und Autoren, einen zweiten *Weinfranken-Verführer* in Angriff zu nehmen mit neuen Winzerorten und neuen Wandervorschlägen in Unter-, Mittel- und Oberfranken. Die Ausflüge sind so gehalten, dass keine Wanderung wesentlich länger als drei Stunden dauert, sodass zwischendurch oder anschließend genügend Zeit für eine ausgiebige Weinverkostung und eine gemütliche Wirtshauseinkehr bleibt. Ebenfalls wurde darauf geachtet, dass die Orte mit öffentlichen Verkehrsmitteln erreichbar sind.

Alle Wanderungen können das ganze Jahr über durchgeführt werden, auch im Winter. Nur bei Eiseskälte und Schneeverwehungen bleibt man besser daheim. Die schönste Zeit zum Kennenlernen der Weinlagen sind natürlich die Monate Mai bis Ende Oktober. Fast alle Rundgänge eignen sich für die ganze Familie. Da in Weinbergen Bäume fehlen und damit auch Schatten, sollte man an heißen Tagen nicht ohne Sonnenschutz aufbrechen und stets genügend Getränke mitnehmen. Natürlich haben wir nicht vergessen, beim Durchwandern der fränkischen Weinanbaugebiete auf die von Menschenhand geschaffenen Kulturgüter hinzuweisen, seien es Kirchen, Burgen, Schlösser, Museen, stattliche Bürgerhäuser oder sehenswerte Denkmäler, Brunnen und Bildstöcke.

Naturgemäß steht der Wein im Mittelpunkt, und jeder Ausflug schließt mit einer Weinempfehlung von den Lagen, die der Besucher durchwandert hat. Verstärkt, so unsere Erfahrung, bemühen sich fränkische Winzer, insbesondere die Vertreter der jungen Generation, die Umwelt nachhaltig zu schonen.

Noch sind Biowinzer in Franken zwar die Ausnahme, aber es gibt sie. Nach wie vor wird auf vielen Weinbergen handverlesen, werden Rebstöcke mit Komposterde und Rebenverschnitt gedüngt und umweltschädliche Spritzmittel nach Möglichkeit vermieden.

An einer Hauswand in Iphofen fanden wir diesen Spruch aus dem Jahre 1664:

> *»Der edlen Frankenreben safft*
> *gibt guthen Muet und newe kraft*
> *Drumb willstu dein Gesundheit meren*
> *Sollstu die Frankenreben eren*
> *Nymalen andern wein begeren«*

Allen unseren Lesern, nicht nur denen aus Franken, mögen unsere Wanderungen sowie die empfohlenen fränkischen Weine zum Hochgenuss und, sofern maßvoll getrunken, zur Mehrung ihrer Gesundheit werden.

Thilo und Jan Castner

1 Ebelsbach

> **Tour:** Rundgang von Ebelsbach über den Golfplatz nach Steinbach und durch die Weinlage Nonnenberg zurück.
> **Länge:** Etwa 10 km.
> **Dauer:** Ca. 3 Std.
> **Höhenunterschied:** Rund 80 m.
> **Markierungen:** Grüner Turm auf weißem Grund, Hirschkäfer.
> **Familie:** Für jede Altersstufe geeignet, allerdings ungeeignet für Kinderwägen.
> **Anfahrt:** *ÖPNV:* Vom Bahnhof Ebelsbach läuft man die Georg-Schäfer-Straße Richtung Gleisenau hinunter. Danach folgt man dem Hinweisschild der *Sektkellerei Fischer* nach rechts in den Schwarzen Weg und über die Schützenstraße nach links bis zum Ebelsbacher Schützenplatz; *Kfz:* Autobahn A 70 Ausfahrt Ebelsbach/Eltmann (Nr. 12) in Richtung Ebelsbach, am Kreisel in Ebelsbach gleich rechts abbiegen und über Steinbacher und Georg-Schäfer-Straße Richtung Gleisenau fahren; dann abbiegen, wie oben bei ÖPNV beschrieben, und am Schützenplatz parken.

Tief im Ebelsberg ...

Diese Tour ist eine ganz besondere: Zum einen geht es nicht nur um die beiden – uns in diesem *Ausflugs-Verführer* noch häufiger begegnenden – Ws »Wein« und »Wandern«, sondern diesmal gesellt sich ein drittes hinzu. Zum anderen führt uns der heutige Weg nicht nur an der frischen Luft durch die herrliche Natur, es besteht auch die Möglichkeit, tief in den hiesigen Ebelsberg vorzudringen. Dort verbirgt sich nämlich das dritte »W«, das für »Winzersekt« steht, eine in Franken nur sehr selten zu findende Spezialität. Hergestellt wird diese Köstlichkeit vom Winzer und Brauer Martin Fischer aus dem Ortsteil Steinbach, der seit 1990 in zwei der insgesamt neun Stollen eine Sektkellerei betreibt. Der Ausbau der Stollenanlage »Kies« liegt allerdings noch weiter zurück. Nachdem 1944 das zwischen Ebelsbach und Eltmann liegende Werksgelände der kriegswichtigen Firma Kugelfischer durch die Luftangriffe der Alliierten erheblich zerstört worden war, begann man mit dem Bau einer Stollenanlage im Ebelsberg, um vor weiteren Bombardierungen gefeit zu sein. Innerhalb von fünf Monaten trieben Kriegsgefangene neun Stollen, die mit Seitengängen verbunden waren, bis zu 120 Meter tief und 70 bis 80 Meter hoch in den Berg. Zwar wurden noch Maschinen aufgestellt und auch Probeläufe fanden statt, doch zur eigentlichen Produktion kam es nicht mehr – der Krieg war zu Ende. Nach 1945 wurde der Stollen kaum benutzt, sodass sich besondere Interessenten niederlassen konnten: Fledermäuse, die dort ihr Zuhause gefunden haben. Sie und die Sektkellerei teilen sich nun schiedlich-friedlich die Stollenanlage: Martin Fischer hat zwei Stollen für sich, in den übrigen sieben nisten die tierischen Nachtschwärmer. Von dieser ganz besonderen Nachbarschaft und über die Geschichte der Stollenanlage, aber natürlich vor allem auch über die Kunst der Sektherstellung berichten Herr Fischer und seine Angestellten gerne ausführlicher bei einer Stollenführung, die man in der Zeit zwischen dem 1. Mai und dem 31. August buchen kann.

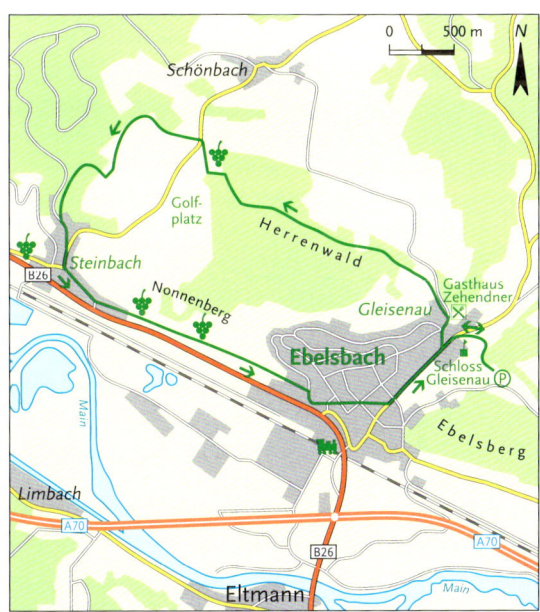

Durch einen Schlosspark und an einem Pavillon vorbei in den Herrenwald

Doch bevor wir uns mit unterirdischen Dingen beschäftigen, gönnen wir uns einen Ausflug in die herrliche Natur der hiesigen Haßberge. Dazu laufen wir am Schützenplatz und der sich dort befindlichen Stollenanlage linker Hand vorbei und biegen nach etwa hundert Metern links bergab, wobei uns gleich zwei Wanderzeichen den Weg weisen: Zum einen ein Bussard und zum anderen der grüne Turm auf weißem Grund, der das Symbol des bekannten Burgen- und Schlösserwegs ist. Nach weiteren hundert Metern halten wir uns links und gehen schließlich über eine kleine Brücke hinweg auf den von Mauern gesäumten Park von Schloss Gleisenau zu. Wie auch heute noch erkennbar ist, war dieses früher ein Wasserschloss. Mitte des 18. Jahrhunderts wurde es von der Familie Groß von Trockau erbaut und in den 1960ern an Privateigentümer verkauft. Heute ist das Rokokogebäude Sitz der Verwaltungsgemeinschaft Ebelsbach und beherbergt zudem eine Grundschule. Wir durchqueren die gesamte Anlage, verlassen sie durch den Haupteingang und wenden uns an der Hauptstraße nach rechts. Das *Gasthaus Zehendner* als Orientierungshilfe vor uns, biegen wir dann wieder nach links ab und laufen links am hauseigenen rosenumkränzten Pavillon einen leicht ansteigenden Weg hinauf. Denn Halt machen gilt noch lange nicht, auch wenn die Versuchung angesichts der opulenten Zehendner'schen Brotzeitplatten groß ist! Auch den kulinarischen Verlockungen der *Schäfer'schen Weinscheune*, die wir bald darauf passieren, halten wir mit eisernem Willen Stand und konzentrieren uns stattdessen auf unser Wanderkennzeichen, den grünen Turm, das uns schließlich in den sogenannten Herrenwald führt. Der Weg geht auch dort weiterhin leicht bergauf und die Gipfel des Eichen-Hainbuchenwaldes bilden eine Art Laubengang, was gerade bei wärmeren Temperaturen sehr angenehm ist. So laufen wir eine knappe halbe Stunde auf weichem Grund, lauschen den zahlreichen Vogelstimmen und genießen ansonsten die Ruhe und das wohltuende Grün um uns herum. Inzwischen hat sich auch ein neuer Wandergefährte als Wegzeichen hinzugesellt, nämlich ein respektabler Hirschkäfer, der uns bis zum Ende unserer Tour begleiten wird.

Wo Fuchs und Hirschkäfer sich »Guten Tag« sagen

Schließlich ist schon der Waldesrand zu erkennen und es eröffnet sich dem Wanderer ein herrlicher Ausblick: links der Waldsaum, rechts eine Getreidefeld und in einiger Entfernung bereits die ersten Weinberge. Kommt man dann etwas weiter heran, wird es gepflegt sportlich, denn wir nähern uns dem Rasen sowie den Sandbunkern eines Golfclubs, der hier am Rand des Naturparks Haßberge seit 2003 auf dem hügeligen Plateau hoch über dem Maintal sein Areal hat. Furchtsame Gemüter sollten sich allerdings dem schönen Ausblick nicht zu sehr hingeben, denn es droht Gefahr: Hinweistafeln warnen eindringlich vor fliegenden Golfbällen, weshalb es sich empfiehlt, hier nicht allzu lange stehen zu bleiben und lieber den Weg durch den Golfplatz zügig hinter sich zu lassen. Jenseits der Landstraße geht es dann rechter Hand weiter an Weinbergen entlang bergauf in Richtung Schönbach. Nach einer Anhöhe biegt der Weg nach links ab und führt an Getreidefeldern und Wald entlang in einiger Entfernung an dem Ebelsbacher Ortsteil Schönbach vorbei. Hier sind wir dann dort angekommen, wo sich Fuchs und Hirschkäfer »Guten Tag« sagen, denn beide Wanderzeichen führen uns links bergab in Richtung Steinbach, das noch drei Kilometer entfernt ist. Von dem Flurweg

Freier Blick auf das stattliche Anwesen von Schloss Gleisenau

aus hat man einen schönen Blick über den Main bis hin zum Steigerwald auf der anderen Flussseite. Nach einigen Hundert Metern heißt es Abschied nehmen vom festen Tritt und es geht rechts auf nahezu unbefestigtem Weg wieder in den Wald. Erst nach einiger Zeit wird der Weg im Wald wieder etwas besser, wobei die sich schlängelnde Wegstrecke wohl am besten mit den Worten wild-romantisch zu beschreiben ist. Nachdem wir zweimal feste Schotterwege gekreuzt haben, geht es schließlich recht steil bergab über Wurzelwerk, Steine und ein plätscherndes Bächlein, bis wir schließlich an einer Forststraße herauskommen, wo uns eine Bank unter einer riesigen Kastanie zu einer kurzen Rast auffordert. Während der Fuchs dann rechter Hand Zeil am Main anstrebt, marschieren wir mit dem Hirschkäfer-Symbol in Richtung Steinbach, das nur mehr zwei Kilometer entfernt ist. Unsere Forststraße führt uns dann leicht bergab und an dem vorhin überquerten Bachlauf entlang durch den Wald, bis wir dessen Rand nach einer knappen Viertelstunde schließlich erreichen.

Steil geht's hinauf in die Steinbacher Weinlage Nonnenberg.

Heckenwirtschaften, Winzerhöfe und Weinberge in und um Steinbach

Rechts um die Kurve stoßen wir bald auf die ersten Häuser des Weinörtchens Steinbach. Einige von ihnen locken denn auch mit dem Schild »Heckenwirtschaft«. Wie der kundige Weinfreund weiß, deutet dies darauf hin, dass der hier ansässige Winzer vier Monate im Jahr in höchstens zwei Zeitabschnitten Wein und einfache Speisen verkaufen darf. Das Recht der Heckenwirtschaften geht auf niemand Geringeren zurück als Karl den Großen, der im Jahr 791 die Bewirtschaftung seiner Güter regelte, woraus im Lauf der Zeit in deutschen Landen ein Rechtsanspruch auf Weinausschank abgeleitet wurde, der bis heute besteht. Wir flanieren an hübschen steinernen Häuschen und schönen Bauerngärten geradeaus bis zur Dorfstraße, der wir nach links folgen. Vorbei am Dorfbrunnen und heimischen Winzerhöfen (unter anderem an dem der *Sektkellerei Fischer*) geht es dann die Dorfstraße entlang, bis wir nach einigen Minuten in den Alten Postweg abbiegen und bald danach am Ortsausgang unterhalb der Weinlage Nonnenberg ankommen. Wie im benachbarten Weinort Zeil am Main mit seinen Weinlagen Kapellenberg und Mönchshang wird auch hier schon anhand des Namens die enge Verbindung zum Bistum Bamberg deutlich, zu dem die beiden Ortschaften und damit auch die Weinberge über viele Jahrhunderte gehörten. Und wie in Zeil finden sich auch auf den knapp 13 Hektar Anbaufläche des Nonnenbergs noch die denkmalgeschützten terrassenförmigen Trockenmauern im Fischgrätmuster, die den Winzern zwar viel Handarbeit abverlangen, aber auch besondere Weine hervorbringen. Unter anderem gedeiht hier neben Müller-Thurgau und Bacchus auch der Silvaner, der von dem aus Zeil stammenden Zisterzienser-Abt Alberich Degen eingeführt wurde (vgl. dazu das Kapitel »Der fränkische Silvaner-Abt« im ersten Band des *Ausflugs-Verführer Weinfranken* über die Tour in Zeil am Main). Aber auch Martin Fischer baut hier auf 1,5 Hektar seine sogenannten Sektgrundweine an, die dann zu Winzersekt verarbeitet werden. Wir dürfen schon von den herrlichen Genüssen träumen, die wir bald verkosten werden, und laufen nun mehrere Hundert Meter an den Weinbergen entlang auf Ebelsbach zu, das wir unschwer am mächtigen Ebelsberg vor uns erkennen.

Zum Abschluss gibt es Sekt!

Nach etwa einer Viertelstunde erreichen wir den Ort und streben geradeaus dem Zentrum und der Georg-Schäfer-Straße entgegen, die wir dann – wie bereits bei der Herfahrt – nach links entlanggehen, bis uns der Schwarze Weg wieder zu unserem Parkplatz am Schützenhaus und zur Stollenanlage führt. Dort wartet dann, wenn man sich vorher angemeldet hat, Martin Fischer, der in die Geheimnisse der Stollenanlage und der Sektherstellung einführt. Fischer praktiziert noch die traditionelle Flaschengärung mit dem von Hand ausgeführten Rüttelverfahren. Damit nicht nur alles trockene Theorie bleibt, gibt es natürlich auch die Gelegenheit zur einen oder anderen Kostprobe seines Sortiments. Und auch für das leibliche Wohl wird dabei bestens gesorgt. Prost!

Sektempfehlung

Ausnahmsweise gibt es an dieser Stelle keine Weinempfehlung, sondern die eines Winzersekts: Der extra trockene Silvaner aus dem Anbaugebiet Nonnenberg muss den Vergleich mit hochwertigen Produkten namhafter Konkurrenten in keiner Weise scheuen. Wer das Außergewöhnliche sucht, dem sei der Gold-Rivaner mit echtem, 23-karätigem Gold empfohlen.

Jan Castner

Informationen:
Verwaltungsgemeinschaft Ebelsbach, Schloss Gleisenau, Georg-Schäfer-Straße 56, 97500 Ebelsbach, Tel. 0 95 22/72 50, Fax 0 95 22/7 25 66,
www.vg-ebelsbach.de
MF Frankensekt, Martin Fischer, Dorfstraße 27, Tel. 0 95 22/50 65, Fax 0 95 22/8243,
www.mf-frankensekt.de

Einkehrtipp:
Gasthaus Zehendner, Obere Eichenleite 2, Tel. 0 95 22/ 18 31, Fax 0 95 22/8 001 37. Geöffnet Mo–Mi, Fr ab 15.00, Sa ab 14.00, So/Fei ab 9.00, Do Ruhetag, jeden 1. So im Monat geschlossen,
www.gasthaus-zehendner.de

Weinscheune Schäfer, Kirchstraße 13, Tel. 0 95 22/95 05 00. Geöffnet Mi–Sa ab 16.00, So/Fei ab 14.00, Mo und Di Ruhetag, www.weinscheune-schaefer.de

Extras:
Am letzten Sa im Jun veranstaltet die Sektkellerei *Fischer* auf dem Ebelsbacher Schützenplatz seit einigen Jahren die »Fränkische Sektnacht«, die Besucher von fern und nah anzieht.

Karten:
Appelt Wanderkarte 1:50.000, Nr. 9, Bamberg/Bad Staffelstein und Fritsch Wanderkarte 1:50.000, Nr. 69, Naturpark Hassberge

2 Unterhaid

Tour: Rundgang von Unterhaid nach Staffelbach und zurück entlang der Weinlage Unterhaider Röthla.
Länge: Etwa 8 km.
Dauer: 2–3 Std.
Höhenunterschied: Rund 80 m.
Markierungen: Fast durchgehend schwarze Weinbergschnecke auf gelbem Grund.
Familie: Für jede Altersstufe geeignet.
Anfahrt: *ÖPNV*: Von Bamberg mit dem Zug bis zum Bahnhof in Oberhaid, dann mit dem Bus 952 bis Bushaltestelle Unterhaid in der Ortsmitte. Von dort zu Fuß nach links die Hauptstraße entlang und dem Schild »Historische Kelleranlage« rechts in die Weinbergstraße bis zum Wanderparkplatz unterhalb des Kellers folgen. *Kfz*: Auf der A 70 bis Ausfahrt 13 Viereth-Trunstadt (Richtung Unterhaid), geradeaus in den Ort hinein, die Hauptstraße links nehmen und ebenfalls dem Schild »Historische Kelleranlage« folgen (s. oben).

Oberfrankens einzige Weinhänge

Diese Tour führt an den einzigen Weinhängen Oberfrankens entlang – abgesehen vom Bamberger Michelsberg, wo anlässlich der Landesgartenschau seit 2012 wieder Wein angebaut wird. Sonst aber muss sich der weindurstige Oberfranke in der mittel- und unterfränkischen Nachbarschaft behelfen. Eine weitere Besonderheit dieser Tour besteht darin, dass sie auf mehreren Wanderwegen durch die schönen Haßberge führt, und damit Lust auf eine genauere Erkundung dieses Naturparks macht.

Oberhaid selbst ist eine der ältesten Siedlungen im Bamberger Raum und wurde bereits im 8. Jahrhundert erstmals urkundlich erwähnt. Nach der Gründung des Bistums Bamberg 1007 ging der Ort an dieses über, nachdem er ursprünglich zum Würzburger Besitztum gehört hatte. Auch der Weinanbau hat in Oberhaid bzw. in seinen Gemeindeteilen Unterhaid und Staffelbach eine lange Tradition, die bis ins späte Mittelalter zu-

Wo Wein- auf Bierfranken trifft

rückreicht, als die Südhänge des Sembergs bei Oberhaid und Unterhaid rebenbedeckt waren. Nachdem im Laufe der Zeit das Bier dem Wein durch den zunehmenden Hopfenanbau als starke Konkurrenz erwachsen war und zudem im 19. Jahrhundert die Reblaus den Weinbergen sehr zugesetzt hatte, lag der Weinbau völlig brach. Im Jahr 1935 aber begann ein wackerer Winzer in Unterhaid mit der Wiederbepflanzung der Weinberge und andere folgten nach Kriegsende seinem Beispiel. Heute bringen es die Winzerbetriebe in Unterhaid und Staffelbach insgesamt auf ca. 8 Hektar Anbaufläche. Die Weinlage in Unterhaid trägt den schönen fränkischen Namen Unterhaider Röthla und geht zurück auf die Flurbezeichnung Abendröthe, während der Staffelbacher Spitzlberg sich auf die direkte Lage unterhalb des gleichnamigen Berges bezieht.

Die Konkurrenz durch das Bier ist bis heute im Ort spürbar geblieben, nicht zuletzt aufgrund der Tatsache, dass die Gemeindegrenze nach Stettfeld auch die Grenze zwischen dem bierfreudigen Ober- und dem weinfreudigen Unterfranken bildet – so gehen Bier- und Weinfranken praktisch nahtlos ineinander über.

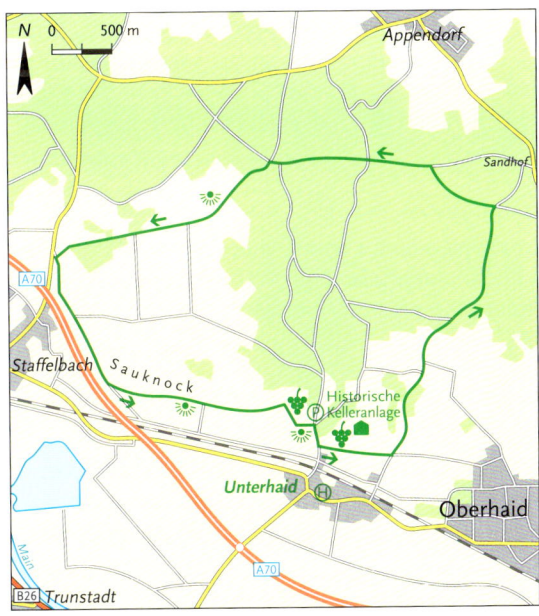

Oberfrankens einzige Weinberge

Vom alten Keller aus an den Weinbergen entlang

Wir beginnen unsere Wanderung unterhalb einer historischen Kelleranlage, die seit 2013 restauriert wird. Hier fühlt sich der weinkundige Wanderer gleich heimisch, sieht er sich doch bereits umgeben von den ersten Weinhängen des Unterhaider Röthla. Bei guter Sicht ist vom Parkplatz aus sogar der Bamberger Dom zu erkennen, der sich in der Ferne über der altehrwürdigen Bischofsstadt erhebt. Entgegen der Schrift »Es ist vollbracht«, mit der die den Parkplatz dominierende enorme Kreuzigungsfigur versehen ist, beginnt unsere Wanderung allerdings erst. Der befestigte Weg führt uns bergabwärts nach links, parallel zu den sich oberhalb befindlichen Weinhängen. Hier ist auch schon ein Wanderzeichen zu entdecken, das uns lange und oft begleiten wird: die schwarze Weinbergschnecke auf gelbem Grund. Während unseres Gangs durch die Weinberge haben wir einen herrlichen Ausblick auf Unterhaid, Obstbäume, grüne Wiesen und den nicht allzu weit entfernten Steigerwald. Nach einigen Hundert Metern biegen wir nach links ab und es geht ordentlich bergauf Richtung Sandhof in den Wald hinein. Dabei ist man immer wieder versucht sich umzudrehen, weil die Aussicht in die Ferne so schön ist.

Hinauf zum Eichenrangen und in den Wald hinein auf den Rennweg

Am Ende des Anstiegs lichten sich die Bäume wieder und es offenbart sich, umsäumt von Bäumen, ein freies Feld, der sogenannte Eichenrangen, über den stets ein laues Lüftchen weht. Dies tut nach der kleinen Anstrengung des Bergaufgehens spürbar gut. Deshalb fällt es dann auch umso leichter, weiter zu wandern – leicht bergab wieder in den Wald hinein. Hier endet allerdings die Bepflasterung des Weges und es geht auf Waldboden weiter. Sofort wird man von fröhlichen Vogelstimmen begrüßt und auch ein murmelnder Bach ist zu vernehmen. Nach einigen Minuten führt uns unser Wanderzeichen nach links und es geht wieder leicht bergan, wobei man sich an dem schönen Waldambiente mit Fichten, Moos und Blaubeersträuchern erfreuen kann. Nach etwa zehn Minuten und der per Schild erfolgten Information, dass Unterhaid mittlerweile drei Kilometer hinter uns liegt, biegen wir nach links ab. Nun folgen wir nicht mehr nur der Weinbergschnecke, sondern auch einem großen schwarzen R. Dieser Buchstabe steht als Abkürzung für den sogenannten Rennweg, den kleinen Bruder des Rennsteigs im Thüringer Wald. Wie bei diesem handelt es sich auch hier um eine alte Verkehrsverbindung und auch er verläuft auf einem Gebirgskamm, nämlich dem der Haßberge, und zwar in nordwestlich-südöstlicher Richtung. Früher vor allem als Salzhandelsweg vom Grabfeld in der Rhön nach Bamberg oder im ausgehenden 18. Jahrhundert gar als Aufmarschstraße für Soldaten benutzt, ist der Rennweg heute mit seiner Streckenlänge von rund 55 Kilometern bei Fahrrad- und Mountainbikefahrern als Eintagestour sehr beliebt.

Auf vier Wanderwegen gleichzeitig unterwegs

Nach weiteren zehn Minuten geht es relativ scharf links um die Kurve und zwei neue Wanderschilder begleiten uns und unsere Markierungen Schnecke und R, nämlich ein blaues M und ein grüner Turm. Dabei handelt es sich um die Zeichen zweier weiterer beliebter Wanderwege – zum einen um die des Mainwander- und zum anderen um die des Burgen- und Schlösserwegs. Während der Mainwanderweg als fast 550 Kilometer langer Weitwanderweg von Weißmainquelle am Ochsenkopf bis zur Mündung in den Rhein bei Mainz verläuft, führt der letztgenannte über mehr als 200 Kilometer vorbei an etwa 25 Burgen, Schlössern, Ruinen und adeligen Ansitzen vom Main bis hoch ins Grabfeld. Mit anderen Worten: Wir sind gleichzeitig auf vier Wanderwegen unterwegs!

Für besonders Hungrige und Durstige gibt es dann etwa fünf Minuten später die Möglichkeit, den Weg abzukürzen und nach links in Richtung Unterhaid einzubiegen, wo man nach etwa zwei Kilometern wieder auf den Parkplatz am historischen Keller trifft. Für die Anderen geht es noch zehn Minuten weiter geradeaus, bis ein Schild nach links in Richtung des drei Kilometer entfernten Staffelbachs weist. Wir folgen diesem und verlassen damit den Rennweg, der weiter geradeaus führt.

Draußen vor dem Wald

Nach einigen Hundert Metern lichtet sich der Wald, der Weg ist wieder befestigt und am Waldesrand wartet ein herrlicher Ausblick auf die Haßberge und den Steigerwald. Nachdem man nun eine Weile den Berg hinunter gelaufen ist, verabschiedet sich der Burgen- und Schlösserweg und biegt wieder nach rechts in den nahen Wald ab. Dafür gesellt sich ein neues Wandersymbol dazu, nämlich ein Fasan, der einen Rundwanderweg anzeigt und uns ein Stück des Weges an Bach und Fisch-

Auch abends wartet Unterhaid mit schönen Lokalitäten und ausgezeichneten Weinen auf.

weihern entlang begleitet, ehe auch er sich, wie der Mainweg, anderen Zielen zuwendet. Wir tun dies ebenfalls, nachdem wir 20 Minuten bergab gelaufen sind und Staffelbach nun, jenseits der Autobahn, direkt vor uns erblicken. Wer noch Zeit und Lust auf etwas Kultur hat und den Ort genauer kennenlernen will, dem sei noch ein kurzer Abstecher empfohlen. Zu sehen gibt es hier neben einigen hübschen alten Bauernhäusern unter anderem die katholische Filialkirche St. Cyriakus, deren ältester Bestandteil, der Chorturm, aus dem 15. Jahrhundert stammt.

An Weinbergen entlang zurück nach Unterhaid

Der Weg zurück verläuft dann vom großen Steinkreuz aus links wieder zurück nach Unterhaid. Und weil wir noch etwas von den Weinbergen sehen wollen, heißt es hier Abschied nehmen von unserer treuen Begleiterin, der Weinbergschnecke, deren Weg zurück in den Wald führt. Wir dagegen nehmen den asphaltierten Weg, der rechts nach unten abgeht. Über eine Strecke von etwa vier Kilometern führt dieser uns am sogenannten »Sauknock« entlang nach Unterhaid zurück. Auch hier hat man einen unverstellten Blick über das Maintal bis in den Steigerwald. Kurz vor dem Erreichen des Parkplatzes stößt man dann auch wieder auf die Unterhaider Weinhänge, die links am Berg den Weg säumen. So kann man sich noch etwas Appetit machen auf die schon wartenden Genüsse bei einem der Weinbauern oder einer der Heckenwirtschaften und Wirtsstuben im Ort.

Weinempfehlung

Ich entscheide mich für einen trockenen Müller-Thurgau von *Weinbau Weyrauther*, einen einfachen fruchtig-spritzigen Wein, der bestens zu den zünftigen Brotzeiten passt, die in der angeschlossenen Heckenwirtschaft angeboten werden.

Jan Castner

Informationen:
Gemeindeverwaltung Oberhaid, Rathausplatz 1, 96173 Oberhaid, Tel. 0 95 03/9 22 30, Fax 0 95 03/92 23 55, www.oberhaid.de

Weinbau Auer, Hauptstraße 18, 96173 Unterhaid, Tel. 0 95 03/12 45. Weinverkauf Mo–Sa 08.00–18.00, Heckenwirtschaft geöffnet jeweils 8 Wochen lang ab 1. Faschingsfreitag und 1. WE im Okt Fr ab 17.00, Sa ab 16.00, So/Fei ab 15.00.

Weinbau Klaus Weyrauther, Hauptstraße 66, Tel. 0 95 03/76 48. Geöffnet Mo, Di, Do 9.00–18.00, Mi, Fr, Sa 9.00–12.00, So Ruhetag, www.weinbau-weyrauther.npage.de

Einkehrtipp:
Weinstube *Altes Rathaus*, Hauptstraße 27, 96173 Unterhaid, Tel. 0 95 03/75 83. Geöffnet Mi–Sa 17.30–24.00, So 16.00–23.00, Mo, Di Ruhetag, www.weinstube-altesrathaus.de

Extras:
Saisonal werden einige Weinbauernhöfe zu Heckenwirtschaften, zudem halten mehrere Winzer Hofschoppenfeste ab.

Karten:
Appelt Wanderkarte 1:50.000, Nr. 9, Bamberg/Bad Staffelstein und Fritsch Wanderkarte 1:50.000, Nr. 67, Naturpark Steigerwald.

Altmannsdorf 3

Tour: Rundwanderung von Altmannsdorf über den Zabelstein und den Falkenberg.
Länge: 9 km.
Dauer: Ca. 3 Std.
Höhenunterschied: Gut 160 m.
Markierung: Von Altmannsdorf bis Zabelstein blaues M, danach grünes Dreieck bis Falkenstein.
Familie: Für kleinere Kinder vermutlich zu anstrengend.
Besonderheiten: Auf- und Abstieg am Zabelstein ist teilweise recht steil, deshalb unbedingt Wanderstöcke mitnehmen.
Anfahrt: *ÖPNV:* Von Schweinfurt oder Gerolzhofen mit Buslinie 458 zur Haltestelle in Altmannsdorf. *Kfz:* Auf der A 70 bis Ausfahrt 10 (Haßfurt), anschließend weiter über Donnersdorf und Falkenstein. Oder auf der A 3 bis Ausfahrt 75 (Wiesentheid), von dort auf der B 286 nach Gerolzhofen und anschließend über Dingolshausen, Michelau und Hundelshausen.

Mit seinen 485 Metern ist der Zabelstein die höchste Erhebung im nördlichen Steigerwald. Die mächtige Festungsanlage auf dem Scheitelpunkt des Bergs war 1525 im Bauernkrieg zerstört worden. Von den Bauern wieder aufgebaut, brannte die Burg 1689 erneut ab. Da sie 1806 zum Abbruch freigegeben wurde, sind heute nur noch spärliche Reste der einst imposanten Anlage zu sehen.

Dafür bietet der 19 Meter hohe Aussichtsturm einen herrlichen Blick, bei schönem Wetter sogar bis zur Rhön. An warmen Sommertagen, wenn der Kiosk bewirtschaftet ist, tummeln sich hier zahllose Besucher. Aber auch sonst ist der Zabelstein ein gern wahrgenommenes Wanderziel.

Über Neuhof zum höchsten Punkt des Zabelsteins

Von der Bushaltestelle bzw. vom Parkplatz in der Dorfmitte von Altmannsdorf orientieren wir uns an der Markierung blaues M. Gleich hinter dem *Gasthaus zum Zabelstein* beginnt die

Kräftige Weine vom Gipskeuperboden am Steigerwald

Weinlage Sonnenwinkel, die sich in einem weiten Bogen bis unterhalb des Zabelsteins erstreckt. Es geht nun leicht bergauf, und die Augen können sich kaum sattsehen an der harmonischen Landschaft mit grünen Wiesen, anmutigen Hügeln und blühenden Bäumen. Nach gut zehn Minuten verlassen wir kurz den eingeschlagenen Weg und folgen dem Hinweisschild »Aussichtspunkt«. Nach nicht einmal 100 Metern stehen wir oberhalb der Weinlage Sonnenwinkel und lassen nun den Blick über unzählige Reihen von Rebstöcken schweifen, betäubt von dem einzigartigen Panorama.

Es geht zurück zur M-Markierung, und bald ist Neuhof erreicht. Ein paar Häuser, eine schmucke kleine Kapelle und einen begrünten Dorfweiher hinter uns lassend, geht es auf einem schmalen Pfad weiter, hinein in den dichten Laubwald, der die vor uns liegenden Anhöhen umschließt. Auf dem Lehmboden ist es manchmal rutschig, da kann man die mitgebrachten Stöcke gut gebrauchen. Der Anstieg wird steiler, und da über 160 Höhenmeter zu bezwingen sind, ist eine kurze Verschnaufpause ab und an sicher nicht schlecht. Nach etwa einer Stunde ist es dann aber geschafft und der höchste Punkt des Zabelsteins ist erklommen. Da die Schutzhütte des Stei-

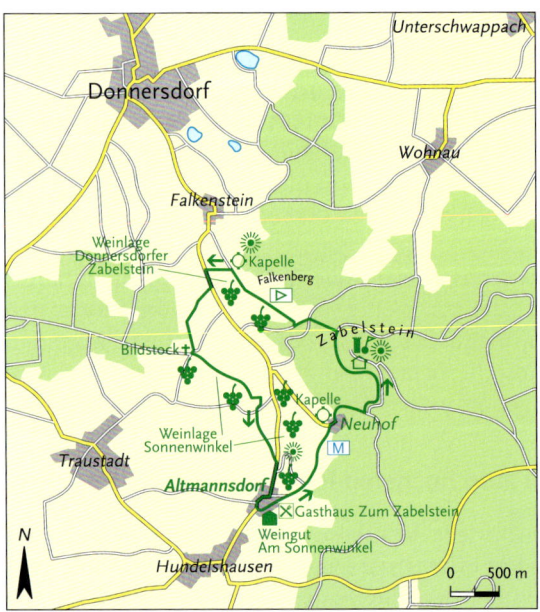

Blick von der Weinlage Sonnenwinkel auf Altmannsdorf

gerwaldclubs nicht immer bewirtschaftet wird, ist es empfehlenswert, selbst Brotzeit mitzunehmen. Natürlich ist es Ehrensache, den dort befindlichen Aussichtsturm zu besteigen. Auf der Plattform sind ringsum bebilderte Tafeln angebracht, die Interessantes über die umliegenden Ortschaften verraten.

Bergab zum Falkenberg

Nach einer längeren Pause wird der Rundgang fortgesetzt. Es geht zunächst auf dem gleichen Weg ein Stück zurück, dann aber folgen wir rechts der Markierung grünes Dreieck, das von dem Steigerwald-Panoramaweg-Zeichen begleitet wird. So steil der Aufstieg war, so steil ist nun der Abstieg, und ohne Stöcke wäre ein Sturz fast unvermeidbar. Eine Zeit lang begleiten uns jetzt auch einige Stationen des Biotop-Erlebnispfads, der hier rund um den Zabelstein angelegt wurde. Die Bedeutung des Waldes für Mensch und Natur wird auf den Tafeln sehr anschaulich beschrieben, u. a. auch durch Zitate von Hermann Hesse.

Sobald der Wald hinter uns liegt, kommen wir mit der Markierung grünes Dreieck zu der Weinlage Donnersdorfer Zabelstein, darüber erstrecken sich die Wälder des 390 Meter hohen

Falkenbergs. Auf seinen Rebhängen sind über 20 Winzerhäuser verstreut. Am Ende der Weinlage ist rechts eine hübsche kleine Kapelle mit farbigen Glasfenstern zu sehen, davor befinden sich Ruhebänke. Es lohnt sich, hier eine kurze Verschnaufpause einzulegen und den grandiosen Blick auf die Umgebung, wie z. B. auf den Ort Donnersdorf, für eine Weile zu genießen.

Danach folgen wir einem geschotterten Pfad, der etwa in gleicher Höhe der Kapelle zur Straße hinunterführt. Auf dieser gehen wir zunächst nach links und biegen kurz darauf rechts auf den Radweg 03–04 ein. Von hier aus kann man besonders gut erkennen, wie die Rebhänge von den Wäldern des Falkenbergs geschützt werden und wie majestätisch der Zabelstein alle anderen Anhöhen des Steigerwalds überragt.

Der Radlweg teilt sich, führt rechts nach Traustadt, wir aber gehen links weiter. Zuvor jedoch werfen wir einen Blick auf den Bildstock des Heiligen Urban, der hier unter einem schützenden Dach mit einem Rebstock voller Trauben im Arm die Vorbeigehenden zu einem Moment der Besinnung einlädt.

Beim Blick auf diese malerische Kapelle in Neuhof erwachen Frühlingsgefühle.

Weingut am Sonnenwinkel

Der Radweg 04 bringt uns, vorbei an den zur Lage Sonnenwinkel gehörenden Rebhängen rechter Hand, zügig zurück nach Altmannsdorf, wo man nun nach einem Wirtshaus Ausschau halten kann. Empfehlenswert wären beispielsweise die *Gaststätte zum Falkenberg* oder das *Gasthaus zum Zabelstein*. Es ist aber auch möglich, im *Weingut am Sonnenwinkel* einzukehren, denn dort gibt es nicht nur zu bestimmten Zeiten eine kräftigende Brotzeit und warme Speisen, sondern auch spritzige Weine von den Lagen, die wir soeben kennengelernt haben. Das Weingut besteht seit 1935 und verfügt über vier Hektar der Lagen Sonnenwinkel und Donnersdorfer Zabelstein. Frau Kram, der gute Geist des Hauses, führt ihre Gäste gern durch die Weinberge und informiert fachkundig über alles, was mit dem Rebensaft zusammenhängt. Sie ist auch Rebschutzwartin und trägt somit durch regelmäßige Wettermeldungen an das Amt für Wein- und Gartenbau in Veitshöchheim dazu bei, dass die Winzer je nach Wetterlage den Einsatz von Schädlingsbekämpfungsmitteln optimal dosieren können.

Im Weingut werden die Weißweine Müller-Thurgau, Bacchus, Silvaner, Kerner, Weiß- und Grauburgunder sowie die Rotweine Dornfelder, Domina und Regent zur Verkostung angeboten, außerdem zwei Cuvées und ein Rotling – einige der Weine sind trocken oder halbtrocken. Die schweren Gipskeuperböden an den Hängen unterhalb des Falkenbergs und des Zabelsteins sorgen dafür, dass die von dort stammenden Weine besonders würzig und kraftvoll schmecken.

Weinempfehlung

Vom *Weingut am Sonnenwinkel* hat mir der 2011er Weißburgunder, ein Kabinettwein der Lage Donnersdorfer Zabelstein, außerordentlich zugesagt. Obwohl als trocken ausgewiesen, schmeckt er erfrischend fruchtig und intensiv, belebend auf Gaumen und Zunge. Mit Sicherheit passt er ideal zu einem Spargelessen mit Schinken und einer herzhaften Käsesoße.

Thilo Castner

Informationen:
Verwaltungsgemeinschaft Gerolzhofen, Brunnengasse 5, 97447 Gerolzhofen, Tel. 0 93 82/60 70, Fax 0 93 82/6 07 50,
www.gerolzhofen.de/Verwaltungsgemeinschaft.html
Weingut am Sonnenwinkel, Am Sonnenwinkel Nr. 6, 97513 Altmannsdorf, Tel. 0 95 28/4 26, Fax 0 95 28/98 10 08. Als Heckenwirtschaft geöffnet Mitte Apr–Ende Mai und Ende Sep–Ende Okt, Weinkauf und Weinverkostung jederzeit nach vorheriger Anmeldung möglich. www.sonnenwinkelwein.de

Einkehrtipp:
Gasthaus zum Falkenberg, Falkenbergstr. 3, Tel. 0 95 28/3 61, Fax 0 95 28/95 06 21. Geöffnet Fr/Sa ab 11.00, So/Fei ab 10.00. Mo–Do Ruhetag.
Gasthaus zum Zabelstein, Falkenbergstr. 12, Tel. 0 95 28/2 27. Geöffnet Mi–Fr ab 15.00, Sa ab 12.00, So/Fei ab 10.00. Mo–Di Ruhetag.

Extras:
Hofweinfest im *Weingut am Sonnenwinkel* am 1. WE im Sep.

Karte:
Fritsch Freizeitkarte 1:50.000, Nr. 67, Naturpark Steigerwald.

Wipfeld 4

Tour: Rundgang von Wipfeld zur Weinlage Zehntgraf.
Länge: Knapp 4 km.
Dauer: 1–2 Std.
Höhenunterschied: Rund 60 m.
Markierungen: Grünes Dreieck.
Familie: Für jede Altersstufe geeignet.
Anfahrt: *ÖPNV:* Von Schweinfurt mit der Buslinie 8135 zur Haltestelle am Busbahnhof. *Kfz:* Auf der A 7 bis Ausfahrt 74 (Kitzingen/Schwarzach), anschließend über Volkach und am Main entlang über Unter- und Obereisenheim. Parkplatz am Wipfelder Busbahnhof.

Blick in Wipfelds Vergangenheit

Wein gehört zu Wipfeld wie Albrecht Dürer zu Nürnberg. Urkundlich ist der Weinanbau bei dem idyllisch am Main gelegenen Ort bereits 1244 nachgewiesen. Auf dem historischen Weinberg unterhalb der Pfarrkirche wird der Wein noch wie in guten alten Zeiten angebaut: Verschiedene Rebsorten wachsen hier im sogenannten »gemischten Satz« nebeneinander und werden auch gemeinsam geerntet und gekeltert. Wipfeld kann aber auch als literarische Hochburg bezeichnet werden, denn gleich vier bedeutende Dichter – Conrad Celtis, Eulogius Schneider, Engelbert Klüpfel und Nikolaus Müller – erblickten in diesem Marktflecken das Licht der Welt. Keine andere Ortschaft in Franken kann auch nur annähernd mit einer derartigen »Dichter-Dichte« aufwarten.

Ein Besuch im 2009 eröffneten Literaturhaus gleich neben dem Busbahnhof ist ein optimaler Einstieg in die Vergangenheit Wipfelds. Die 1987 bis 1995 durchgeführte Dorferneuerung hat dazu beigetragen, dass der mittelalterliche Ortskern bewahrt und gleichzeitig mit neuem Leben erfüllt wurde. Auf dem Historischen Celtis-Rundweg werden in 22 Stationen die wichtigsten Gebäude Wipfelds vorgestellt, darunter auch das Literaturmuseum. Eine Tafel am Marktplatz beschreibt den Rundweg, im Rathaus ist zudem ein ausführliches Faltblatt erhältlich.

Auslaufmodell gemischter Satz

Im Mittelpunkt des heutigen Tagesablaufs steht natürlich die Wanderung durch den Zehntgrafen-Weinweg. Zuvor wollen wir aber den bereits erwähnten historischen Weinberg am Kirchberg kennenlernen. Deshalb vom Marktplatz am ehemaligen Würzburger Amtshaus mit dem schönen Treppengiebel links vorbei und dann gleich rechts die Treppen hinauf zur Kirche gehen. Die nur 1.600 Quadratmeter große, seit 1723 bewirtschaftete Rebfläche wird von einer hohen Steinmauer umschlossen. Verschiedene alte Rebsorten, die heute kaum noch angebaut werden, wie etwa Muskateller, Österreicher, Elbling und Junker, stehen hier wild durcheinander, um schließlich gemeinsam geerntet und verarbeitet zu werden. Obwohl dieses Verfahren des gemischten Satzes seit Längerem beim qualitätsorientierten Weinanbau unüblich geworden ist, schmeckt der auf diese Weise gewonnene Wein vorzüglich – wie man später im Gasthof *Zum grünen Baum* überprüfen kann. Die Weitsicht von hier oben auf das Maintal und Kloster St. Ludwig ist himmlisch, und auch einen Blick in die barocke St. Johanniskirche sollte man vor der Fortsetzung des Rundgangs nicht versäumen.

Gasthof *Grüner Baum*, das schönste und wohl älteste Gebäude Wipfelds.

Der Zehntgrafen-Weinweg

Nun geht es die Kirchentreppen wieder hinunter und weiter auf der Eulogius-Schneider-Straße. Dabei passieren wir das Geburtshaus des Kosmopoliten, nach dem diese Straße benannt wurde. Schneider war, obwohl ursprünglich Franziskanermönch, begeisterter Anhänger der Französischen Revolution, endete aber unter Robespierre 1794 auf dem Schafott.

Am Ende der Eulogius-Schneider-Straße links in die Weinbergstraße abbiegen, vorbei am Kelterhaus der Gebietswinzergenossenschaft Franken, und schon sind wir mitten in der Lage Wipfelder Zehntgraf und orientieren uns ab sofort an der Markierung gelbes Dreieck.

Auf beiden Seiten unseres Weges befinden sich Rebstöcke, so weit das Auge reicht. Der Rundweg durch den an die 100 Hektar großen Weinberg – der größte im Landkreis Schweinfurt – ist als Lehrpfad angelegt und wartet daher mit vielen Informationen über den Weinanbau und die damit verbundene Arbeit für den Winzer auf. Es wird deutlich, dass man hier auf naturnahe Bewirtschaftung Wert legt, indem man synthetische Pflanzenschutzmittel weitgehend vermeidet und dafür natürliche Nützlinge anlockt, beispielsweise durch Saumbiotope an

Wegen, Hecken und Waldrändern. Man muss natürlich nicht alles lesen, was auf den Tafeln steht, doch das Meiste ist wirklich interessant, sodass bei der Lektüre keine Langeweile aufkommt. Auch die einzelnen Weinsorten werden ausführlich erläutert, immer dort, wo die dazugehörigen Rebstöcke sind. Überwiegend vertreten ist der Müller-Thurgau, aber auch Silvaner, Grauburgunder, Bacchus und Kerner bedecken größere Flächen. Die gegen Süden ausgerichteten Hänge auf Muschelkalkboden haben ein Gefälle von bis zu 30 Prozent.

Der Rundweg verläuft zunächst im unteren Bereich und gewinnt nach der Kehre erheblich an Höhe. Vereinzelt säumen schöne Bildstöcke den Weg – am eindrucksvollsten jedoch ist die Figur Johannis des Täufers, ein Kunstwerk aus Muschelkalk des Würzburger Künstlers Erwin Misch, entstanden anlässlich der 1977 abgeschlossenen Weinbergsumlegung.

Ab und zu treffen wir auf ein altes Weinfass sowie in größeren Abständen auf Ruhebänke, immer mit Sicht auf die wunderschöne Landschaft. Spätestens an der Zehntgrafen-Laube wäre wohl eine längere Pause angebracht. Der Blick reicht hier bis nach Stammheim und zur Vogelsburg.

Dass Wein nicht nur ein Genussmittel ist, sondern, in Maßen getrunken, auch die Verdauung fördert, für bessere Durchblutung sorgt, das Nierensteinrisiko zu mindern hilft und gegen Herzerkrankungen wirkt, wird jeder Weintrinker auf der an der Zehntgrafen-Laube hängenden Gesundheitstafel mit Freuden zur Kenntnis nehmen.

Weingut Lother

Wieder an der Kelterstation könnte der Wunsch aufkommen, die hier gewonnenen Weine einer Kostprobe zu unterziehen, und da wäre wohl das *Weingut Lother* in der Birkenstraße eine gute Adresse. Also geht es auf der Weingartenstraße zurück bis zur Schwanfelder Straße und von dort nach rechts, bis links die Birkenstraße abzweigt.

Der junge Sebastian Lother, Winzer in zweiter Generation, empfängt uns mit einem strahlenden Lächeln und erklärt uns die Weinliste mit den über zehn Weißweinsorten und fünf Rotweinsorten. So sind auf seiner Liste u. a. exzellente Spätburgunder zu finden, ferner ausgezeichnete Weine der Rebsorten Bacchus, Riesling, Kerner und Müller-Thurgau – aber auch die anderen, teilweise außergewöhnlicheren Sorten wie etwa Cabernet Dorsa oder Blauburger sind es durchaus wert probiert zu werden. Ökoweine gibt es bei Sebastian Lother zwar nicht, wohl aber wird sein Weinberg umweltschonend und naturnah bearbeitet. Das leicht erdig schmeckende Aroma der Weine ist auf den Muschelkalkboden zurückzuführen und verleiht den Weinen ihre besondere Note. Die zehn Hektar am Zehntgraf werden zu 70 Prozent maschinell geerntet, nur Rotwein und hochwertige Weißweine werden handverlesen. Da die Rebhänge in einem Seitental des Mains liegen, ist die Sonnenbestrahlung dort besonders intensiv, und schwere Unwetter ziehen meist vorbei. Dafür regnet es allerdings auch weniger, sodass bei großer Trockenheit vor allem die jungen Rebstöcke gewässert werden müssen. Insgesamt hat das *Weingut Lother* weit über 500 Auszeichnungen gewonnen, etwa bei Blindverkostungen auf Landes- und Bundeswettbewerben sowie bei internationalen Veranstaltungen. Weinverkauf und Weinproben sind das ganze Jahr über möglich, doch sollte man sich vorher anmelden. Gleiches gilt für eine Führung durch Weinberg und Keller.

Anno Domini, der weiße Cuvée, schmeckt wunderbar anders.

Eine andere Möglichkeit zum Kennenlernen des Wipfelder Weins bietet der Gasthof *Zum grünen Baum,* das stattlichste und älteste Gebäude am Ort. Da der Hausbesitzer auch Eigentümer des historischen Weinbergs am Kirchberg ist, kann man sich hier einen altfränkischen Anno Domini vom gemischten Satz einschenken lassen und wird überrascht sein, wie intensiv und harmonisch dieser weiße Cuvée schmeckt.

Kloster St. Ludwig

Nach der Weinverkostung möchte vielleicht mancher Besucher das Geburtshaus von Konrad Celtis in der nach ihm benannten Straße in unmittelbarer Nähe des Marktplatzes sehen. Celtis ist der berühmteste Sohn Wipfelds, er ist bekannt als großer Humanist und Dichter. 1487 wurde er von Kaiser Friedrich III. zum *poeta laureatus* gekürt. Zehn Jahre später erhielt er den Lehrstuhl für Poetik und Rhetorik in Wien, wo er nach seinem Tod im Stephansdom beigesetzt wurde.

St. Ludwig auf der anderen Mainseite gehört zu Wipfeld, und es wäre durchaus reizvoll, mit der Fähre überzusetzen und das Kloster zu Fuß zu besuchen. Der Ursprung von St. Ludwig ist den hier entdeckten Schwefelquellen zu verdanken, deren Nutzung im Laufe des 19. Jahrhunderts zum Bau des Ludwigbades führte, eines dreistöckigen Kurhauses, das jährlich bis zu 400 Kurgäste aufsuchten. Als durch die Staatsbäder Kissingen und Bocklet das Ludwigsbad unrentabel wurde, erwarben die Benediktiner das Gebäude und bauten es zum Kloster um. 1963 übernahmen Franziskanerinnen das Anwesen, in dem jetzt das Antonia-Werr-Zentrum untergebracht ist, ein Internat für Mädchen und junge Frauen.

Nach dem Verlassen der Motorfähre zweigt auf der Straße gleich links ein schmaler Wiesenweg ab. Nur Radspuren sind im Gras zu erkennen. Man darf hier gehen, sollte aber, da die Mainauen als Naturschutzgebiet ausgewiesen sind, lautes Reden und Hektik vermeiden, um brütende Vögel nicht zu stören. Nach dem Buschwerk geht es dann in großem Bogen direkt zum Kloster. Die Klosterkirche mit ihrer reichen Innenausstattung ist wirklich sehenswert. Noch schöner allerdings ist der Blick zurück auf Wipfeld und den historischen Weinberg unterhalb der Kirche.

Weinempfehlung

Diesmal habe ich mich für einen Müller-Thurgau vom *Weingut Lother* entschieden, einen trockenen 2012er Wipfelder Zehntgraf, der frisch, fruchtig und spritzig »auf der Zunge tanzt«, wie auf der Weinliste zu Recht vermerkt ist. Der Müller-Thurgau, eine Kreuzung aus Riesling und der frühreifen Madeleine Royale, wird in Franken seit 100 Jahren angebaut. Er macht 30 Prozent aller in Bayern gepressten Weißweine aus und ist damit unangefochten die beliebteste Rebsorte Bayerns.

Thilo Castner

Informationen:
Verwaltungsgemeinschaft Schwanfeld-Wipfeld, Rathausplatz 6, 97523 Schwanfeld, Tel. 0 93 84/9 73 00, Fax 0 93 84/97 30 45.
Gemeinde Wipfeld, Marktplatz 1, 97537 Wipfeld, Tel. 0 93 84/3 64, www.wipfeld.de
Weingut und Heckenwirtschaft Sebastian Lother, Birkenstr. 3, Tel. 0 93 84/18 67, Fax 0 93 84/84 86, Geöffnet nach Voranmeldung, www.weingut-lother.de
Literaturhaus Wipfeld, Bachgasse 1, Tel. 0 93 84/9 73 00. Geöffnet So 14.00–17.00 und nach Vereinbarung, www.literaturhaus-wipfeld.de

Einkehrtipp:
Weinstube – Pension – Cafe *Zum grünen Baum*, Nikolaus-Müller-Str. 1, Tel. 0 93 84/88 23 46. Geöffnet Mi–Sa ab 14.00, So ab 9.00, Mo und Di Ruhetag, www.weinpension-wipfeld.de

Extras:
Weinberg-Wanderung mit dem Wipfelder Weinbauverein an Christi Himmelfahrt.
Wipfelder Straßenweinfest Mitte Aug an Maria Himmelfahrt.
Hofweinfest im *Weingut Lother* am Muttertags-WE
Bremserfest im *Weingut Lother* am letzten Sep-WE.

Karte:
Wandern und Radfahren an der Mainschleife 1:20.000, hrsg. von der Volkacher TouristInformation und Fritsch Wanderkarte 1:50.000, Nr. 83, Landkreis Würzburg.

5 Himmelstadt

> **Tour:** Ausflug rund um die Weinlage Himmelstadter Kelter.
> **Länge:** Gut 4 km.
> **Dauer:** Der reine Rundgang etwa 1 ½ Std.
> **Höhenunterschied:** 60 m.
> **Markierung:** H 5.
> **Familie:** Ein Ausflug für Groß und Klein.
> **Anfahrt:** *ÖPNV:* Von Würzburg oder Jossa mit der Regionalbahn zum Himmelstadter Bahnhof. *Kfz:* Auf der B 27 von Würzburg bzw. Karlstadt zum Parkplatz in der Bahnhofstraße oder neben der Kapelle *Maria an der Kelter*.

Seit dem 13. Jahrhundert sind bei Himmelstadt Weinberge belegt. Einer alten Chronik ist zu entnehmen, dass 1233 dem ehemaligen Kloster Himmelspforten ein Weinberg auf dem gegenüberliegenden Giebelberg zugesprochen worden war. Damit gehört Himmelstadt zu den ältesten fränkischen Weinorten. Ende des 18. Jahrhunderts soll vorübergehend eine Anbaufläche von rund 140 Hektar bestanden haben.

Bekannt geworden ist Himmelstadt aber nicht nur durch seinen Wein, sondern in jüngster Zeit auch durch das Weihnachtspostamt, an das Kinder aus aller Welt alljährlich ihre Weihnachtswünsche schicken. Etwas ganz Besonderes ist zudem der erste Deutsche Philatelisten-Lehrpfad an der Mainlände. Auf 26 Schautafeln werden hier Weihnachts- und Blumenbriefmarken sowie Sondermarken zur deutschen Geschichte gezeigt und interpretiert. Unmittelbar daneben verläuft ein ökologischer Weinlehrpfad. All dies werden wir auf unserem Rundgang kennenlernen.

Von der Weinbergskapelle zum Himmelstadter Kelter

Wir verlassen den Himmelstadter Bahnhof nach rechts und biegen sofort links in den Fußweg ein. Anschließend geht es weiter geradeaus und knapp 200 Meter die Brückenstraße entlang. Dann überqueren wir die B 27, folgen dem Hinweisschild »Maria an der Kelter« und stehen kurz darauf vor der 1993/94 erbauten Weinbergskapelle, in der eine anmutige Rokoko-Madonna zu sehen ist. Gegenüber der Kapelle befinden sich die Maschinenhalle des heimischen Winzer- und Weinbauvereins sowie eine mächtige Kelter. Rechts beginnt nun unser Rundweg um die Lage Himmelstadter Kelter, eine Tour von vier Kilometern, auf der an die 60 Höhenmeter zu überwinden sind.

Rebstöcke, so weit das Auge reicht: Die Strecke ist mit dem Symbol H 5 gut markiert und führt in großen Schleifen an einer Rebfläche von 35 Hektar entlang. Nach der ersten Linkskurve geht es zügig bergauf. Oben angekommen schlendern wir gemütlich nach links auf dem Höhenweg weiter und genießen den grandiosen Weitblick auf Himmelstadt, das Maintal und die dahinter liegenden Höhenrücken. Klar zu erkennen sind der Turm der Jakobuskirche sowie die Himmelstadter Schleusenanlage. Am besten wäre es, sich ein Plätzchen zu suchen und das herrliche Panorama in aller Ruhe zu genießen.

Die Weine am Himmelstadter Kelter

Nach einer Weile erreichen wir das 1984 aus hartem Muschelkalk gefertigte Werk des Würzburger Künstlers Erwin Misch.

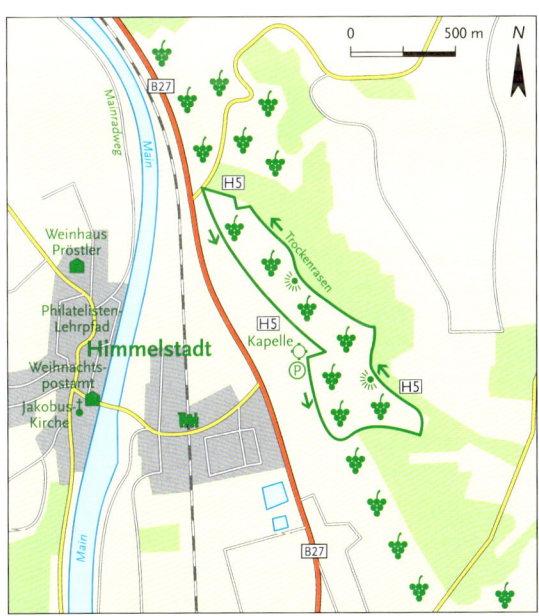

Die Überreste des Blauen Turms sind an einigen Stellen noch bis zu 7 Meter hoch.

Der Bildstock steht für die schwere Arbeit des Winzers am Berg. Die Hänge werden überwiegend von Nebenerwerbswinzern bewirtschaftet, doch auch das Würzburger Bürgerspital besitzt eine größere Fläche. Die Hangneige liegt hier oben bei über 30 Prozent, sodass dort die besten Trauben wachsen. Hauptsächlich angebaut wird der Müller-Thurgau. Bacchus, Silvaner, Kerner, Scheurebe und einige Rotweine nehmen zusammen nur gut die Hälfte der Anbaufläche ein. Die hohe Qualität der Himmelstadter Weine ist der Tatsache zu verdanken, dass der Waldgürtel oberhalb der Rebhänge vor kalten Ostwinden schützt und dass der Muschelkalkboden eine Vielzahl von wichtigen Mineralien enthält.

Der Höhenweg führt sacht in eine Bodensenke. Wer hier abkürzen möchte, sei es wegen des schlechten Wetters oder weil die Beine schwer geworden sind, biegt an dieser Stelle nach links ab und gelangt so bald zurück zur Weinbergskapelle. Ganz Unermüdliche könnten mit der Markierung H 6 nach rechts zum Blauen Turm einen Abstecher wagen – dieses kulturhistorische Bauwerk diente im Mittelalter als Nachrichtenturm zur Überwachung des Verkehrs auf Main und Straße.

Alle anderen setzen ihren Rundgang mit H 5 fort. Es geht nun erneut leicht bergauf mit betörend schönem Ausblick auf das Maintal. Rechter Hand auf dem Kalkmagerrasen am Waldrand ist je nach Jahreszeit ein Biotop mit selten gewordenen Blumen zu entdecken, eine Flora aus verschiedenen Orchideen, Glockenblumen, Johanniskraut und Edel-Gamander – für Naturfreunde sicherlich etwas Außergewöhnliches. Der Höhenweg endet in einer großen Linksschleife und führt nach circa anderthalb Stunden zur Marienkapelle zurück. Gut möglich, dass zwischendurch ein hoppelnder Hase zu sehen ist oder Wildschweine den Weg kreuzen.

Der erste deutsche Philatelisten-Lehrpfad und ein ökologischer Weinlehrpfad

An eine Heimfahrt ist jetzt noch nicht zu denken, denn schließlich hat Himmelstadt – 2012 zum Bundessieger beim Wettbewerb *Der ideale Ort* gekürt – einiges zu bieten. Wir gehen also auf der Brückenstraße zur Mainbrücke, wo wir links die Himmelstadter Staustufe und Schleusenkammer betrachten. Wenn wir Glück haben, fährt vielleicht gerade ein Schiff ein. Gleich hinter der Brücke befindet sich die formschöne Jakobuskirche, 1614 vom Würzburger Fürstbischof Julius Echter eingeweiht. Vor der Kirche steht das bereits erwähnte Weihnachtspostamt, das einzige seiner Art in Bayern. Der größte Ehrgeiz der Himmelstadter ist es, alle eingehenden Briefe zu beantworten; etwa 80.000 waren es 2012. Nach einem kurzen Blick in die Jakobuskirche ist unser nächstes Ziel dann der Philatelisten-Lehrpfad. Darum jetzt von der Brückenstraße rechts in die Mainstraße abbiegen und anschließend rechts zum Mainufer weitergehen. Die dort auf großen Stellwänden abgebildeten Briefmarken vermitteln wichtige Aspekte deutscher Politik und Kultur – zu Recht ist man in Himmelstadt stolz auf diese in Deutschland erstmals erstellte Dokumentation. In unmittelbarer Nähe verläuft der ökologische Weinlehrpfad mit zehn verschiedenen Rebstöcken, deren Trauben im Herbst auch probiert werden können. Klar, dass wir anschließend überlegen, wo wir uns den guten Himmelstadter Wein munden lassen.

Besuch im *Weinhaus Pröstler*

Mein Vorschlag wäre, den Vorsitzenden des Himmelstadter Winzer- und Weinbauvereins aufzusuchen. Deshalb ein Stück weiter am Mainufer entlangschlendern, hinter dem Biergarten *Down Town* nach links zur Hauptstraße, von dort rechts zur Straße Am Hirtengarten und danach gleich links in die Hirtengartenstraße gehen.

Reinhold Pröstler ist selbst Winzer, und zwar in zweiter Generation. Auf der zusammen mit seinem Sohn bewirtschafteten, 1,2 Hektar großen Fläche sind an die 3.000 Rebstöcke zu versorgen. Nach wie vor wird alles per Hand erledigt, der Einsatz von Pflückmaschinen ist nicht geplant. Zum Schutz der Rebstöcke gegen Pilzbefall wird nur das Allernötigste getan, gedüngt wird vorwiegend mit Wintermulch. An Bioweine hat sich Pröstler noch nicht herangetraut – vielleicht tut dies aber eines Tages sein Sohn, der am Bayerischen Landesamt für Wein- und Gartenbau beschäftigt ist. Zu verkosten gibt es bei Reinhold Pröstler natürlich den Müller-Thurgau, aber auch Scheurebe, Kerner, Bacchus und Weißburgunder. Wer Rotweine bevorzugt, kann sich an Acolon und Spätburgunder laben. Höhepunkte im *Weinhause Proestler* sind das alljährliche Hofschoppenfest Ende Juni und das WeinWinterEvent Anfang Januar.

Nach der Weinverkostung geht es über die Hauptstraße zurück zum Bahnhof bzw. zum Parkplatz, wobei einige schöne

Bei Himmelstadt wächst ausgezeichneter Wein.

Hausfassaden das Auge des Besuchers erfreuen dürften und Bierfreunde noch einen Zwischenstopp in dem urigen Biergarten *Down Town* einlegen können.

Weinempfehlung

Ohne langes Überlegen habe ich mich für den 2012er Acolon entschieden, ein farbintensiver Rotwein, der füllig und harmonisch auf der Zunge liegt. Diese Rebsorte, eine Kreuzung aus Lemberger (Blaufränkisch) und Dornfelder, wurde 2002 vom Bundessortenamt zugelassen und hat seitdem viele Weintrinker begeistert.

Thilo Castner

Informationen:
Touristinformation Zellingen, Brückenstr. 9, 97225 Zellingen, Tel. 0 93 64/8 13 99 08, www.markt-zellingen.de
Weinhaus Pröstler, Hirtengartenweg 9, 97267 Himmelstadt, Tel. 0 93 64/8 98 99, Fax 0 93 64/8 13 93 85. Weinverkauf und Weinverkostung täglich ab 13.00 nach Vereinbarung, www.weinhaus-proestler.de
Weihnachtspostamt Himmelstadt, Kirchplatz 2, Tel. 0 15 78/5 2473 09 oder 0 93 64/81 18 8, www.post-ans-christkind.de

Einkehrtipps:
Biergarten *Down Town*, Mainstraße, Tel. 01 62/8 98 67 09. Geöffnet Apr–Okt 11.00–23.00, Mo Ruhetag,
Pizzeria *Puglia*, Hauptstr. 36, Tel. 0 93 64/81 50 30. Geöffnet Di–Mi, Fr–Sa 17.00–22.30, Do 13.00–22.30, So/Fei 10.00–22.30, Mo Ruhetag, www.pizzeriapuglia.de

Extras:
Himmelstadter Straßenfest am 1. WE nach Pfingsten.
Hofschoppenfest im Garten des *Weinhauses Pröstler* am letzten WE im Jun.
WeinWinterEvent in der *Pröstler-Scheune* am ersten Wochenende im Jan.

Karte:
Fritsch Wanderkarte 1:50.000, Nr. 83, Landkreis Würzburg.

6 Gaibach

> **Tour:** Rundwanderung über die Großlage Volkacher Ratsherr nach Gaibach.
> **Länge:** Rund 10 km.
> **Dauer:** Reine Gehzeit bis zu 3 oder 4 Std.
> **Höhenunterschied:** Gut 100 m.
> **Markierungen:** M (Main-Fernwanderweg) und 12.
> **Familie:** Nur für Erwachsene und Kinder geeignet, die eine gute Kondition mitbringen.
> **Anfahrt:** *ÖPNV:* Mit Bus 8110 von Kitzingen, mit Bus 8137 von Schweinfurt und mit Bus 8105 von Würzburg/Seligenstadt zum Volkacher Busbahnhof. *Kfz:* Auf der A 3 bis Ausfahrt 74 (Kitzingen/Schwarzach) und weiter über Münsterschwarzach zum Parkplatz am Volkacher Busbahnhof.

Von Volkach zur Wallfahrtskirche Maria im Weingarten

Da an diesem Tag ein umfangreiches Programm bewältigt werden muss, sollte man sich besser nicht allzu lange in Volkach aufhalten. Von der Bushaltestelle bzw. vom Parkplatz aus am besten unverzüglich auf der Bahnhofstraße zum Oberen Markt und von da durch das Obere Tor die Hauptstraße entlang zum Marktplatz gehen. Ein kurzer Blick auf das stattliche Rathaus, in dem sich auch die TouristInformation befindet, und schon kommen wir auf der Hauptstraße zum Unteren Tor. Der dahinterliegende Parkplatz wird rechter Hand umgangen, und so erreichen wir kurz darauf rechts den Kirchenbergweg, markiert mit 12 und 12a. Unser erstes Tagesziel, die Wallfahrtskirche Maria im Weingarten, ist bald in Sicht, und nach Bewältigung etlicher kantiger Steinstufen können wir an der Kasse unseren Obolus entrichten, der zum Betreten der Kirche berechtigt.

Das zweifellos wertvollste Objekt der Inneneinrichtung ist das von Tilman Riemenschneider in den Jahren 1520 bis 1524 geschaffene Kunstwerk *Maria im Rosenkranz*, ein im Chorbogen hängendes, filigranes Schnitzwerk. Es war 1962 von Kunsträubern gestohlen worden, konnte aber durch ein Lösegeld in Höhe von 100.000 DM, gestiftet von dem *Stern*-Gründer Henri Nannen, wieder freigekauft werden.

Die Lage Volkacher Ratsherr

Auf dem mit M markierten Main-Fernwanderweg geht es danach weiter, und die Aussicht auf das Maintal, auf das hinter uns liegende Volkach und auf die Rebhänge ringsum wird immer betörender, je höher man kommt. Es ist die Lage Volkacher Kirchberg, auf der wir uns momentan befinden, ein Teil der 160 Hektar umfassenden Großlage Volkacher Ratsherr. Auf den mineralhaltigen Böden, einer Mischung aus Muschelkalk und humusreichem Lehm, gedeiht einer der bekanntesten und besten Frankenweine. Auf dem Hochplateau sind dann keine Rebstöcke mehr zu finden. Die Sonneneinwirkung ist hier für den Weinanbau nicht mehr intensiv genug, sodass dort ausschließlich Weideland, Buschwerk und einige Obstbaumplantagen vorzufinden sind. Die Landschaft ist gleichwohl idyllisch, besonders im Frühjahr, wenn alles duftet und blüht.

Von der Madonnenkapelle aus stoßen wir nach gut 45 Minuten auf den von rechts kommenden mit 12a markierten Weg, dem wir links ein Stück bergab folgen. So erreichen wir Weg 12, der uns anschließend zielsicher nach Gaibach in die Schönbornstraße führt.

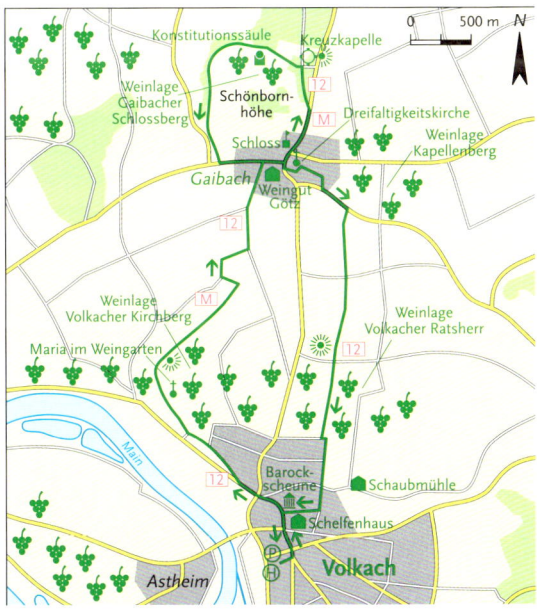

Die Wallfahrtskirche Maria im Weingarten ist nicht nur idyllisch gelegen, in ihrem Inneren verbirgt sich auch ein echter Schatz: eine von Tillman Riemenschneider gefertigte Madonna.

Ein kleiner Ort mit großer Vergangenheit

Trotz seiner nur 400 Einwohner hat Gaibach eine Menge zu bieten. Zwei berühmte Architekten, Leonhard Dientzenhofer und Balthasar Neumann, haben hier ihre Spuren hinterlassen. Schloss Gaibach war das Stammschloss des mächtigen Fürstbischofs Lothar Franz von Schönborn. Und am 27. Mai 1832 forderten in Gaibach, zeitgleich zum Hambacher Fest an der Weinstraße, über 5.000 Teilnehmer aus allen Teilen Frankens lautstark demokratische und liberale Reformen. Der damalige Würzburger Bürgermeister Wilhelm Josef Behr, der auf der Kundgebung eine Rede gehalten hatte, wurde später wegen Majestätsbeleidigung und Hochverrats zu einer mehrjährigen Festungshaft verurteilt – zu jener Zeit konnte man mit Abweichlern kurzen Prozess machen. Es lohnt sich also, in Gaibach etwas länger zu verweilen.

Das Gaibacher Schloss und zwei Sakralbauten

Wir gehen auf der Schönbornstraße nach rechts weiter und kommen zu der katholischen Dreifaltigkeitskirche, einem Werk Balthasar Neumanns. Besonders sehenswert sind die 1699 von dem Würzburger Hoforgelbauer Seuffert geschaffene Orgel sowie der außerordentlich schöne Kirchturm. Schräg gegenüber liegt dann schon das Gaibacher Schloss. Franz von Schönborn beauftragte um 1700 seinen Baumeister Leonhard Dientzenhofer, das ursprüngliche Wasserschloss in ein barockes Lustschloss umzubauen, ergänzt durch einen Barockgarten mit Brunnen, Grotte, Orangerie und Fasanerie. Unter dem späteren Grafen Franz Erwein von Schönborn-Wiesentheid wurde der Garten im 19. Jahrhundert aufgelöst und, dem veränderten Zeitgeschmack entsprechend, in einen englischen Landschaftsgarten umgestaltet.

Das nach wie vor imposante Schlossgebäude wird jetzt als Landschulheim mit Gymnasium, Realschule und Internat genutzt. Der Innenhof des Schlosses, ausgestattet mit zwei riesigen Platanen, unter denen das alljährliche Gaibacher Weinfest stattfindet, kann besichtigt werden. Auch der Zugang zu dem ehemaligen Barockgarten, nunmehr als Sportanlage umgestal-

Ein Stück bayerische Geschichte zum Anfassen: Die Konstitutionssäule in Gaibach

tet, ist möglich – zu sehen ist von der einstigen Herrlichkeit des Barockgartens allerdings nichts mehr.

Bevor wir mit den Markierungen M und 12 zu der dreißig Meter hohen Konstitutionssäule aufbrechen, empfiehlt sich ein kurzer Abstecher auf die andere Straßenseite. Dort beginnt unmittelbar neben dem Friedhof die 27 Hektar große Weinlage Gaibacher Kapellenberg, deren exquisite Weine wir in Kürze kosten können. M und 12 führen uns in ein kleines Wäldchen, wo sich die zwei Markierungen trennen. 12 biegt zur Konstitutionssäule links ab, M hingegen nach rechts zu der barocken Heilig-Kreuz-Kapelle – einem kreisrunden Bau, geschaffen von Dientzenhofer und ausgestattet mit einer wertvollen Orgel von Adam Schleich aus Lohr. Von den Treppen vor der Kapelle aus hat man einen herrlichen Ausblick Richtung Zeilitzheim.

Ein Stück bayerischer Geschichte

Von der Heilig-Kreuz-Kapelle geht es wieder zurück zur Markierung 12, von der aus die Konstitutionssäule bereits zu sehen ist. Graf Franz von Schönborn-Wiesentheid, sehr angetan von der 1818 verkündeten bayerischen Verfassung, ließ die Säule nach einem Entwurf des Baumeisters Leo von Klenze anfertigen. Grundsteinlegung war am 27. Mai 1821, Einweihung der Säule in Anwesenheit des bayerischen Königs Ludwig I. im August sieben Jahre später. Dass die Säule exakt elf Jahre nach ihrer Grundsteinlegung zum Treffpunkt aufsässiger Bürger werden würde, die eine andere Verfassung wollten, hatten weder Schönborn noch Ludwig I. ahnen oder gutheißen können. Anders als 1818 vorgesehen, war die Säule inzwischen zum Symbol des Widerstands gegen das bestehende autoritäre Herrschaftssystem geworden.

Zwischen der Konstitutionssäule und dem leider nicht mehr vorhandenen, ehemaligen Englischen Landschaftsgarten wurden auf dem gen Süden leicht abfallenden Hügel Ende des 20. Jahrhunderts wieder Rebstöcke gepflanzt. Entstanden ist eine von Laubbäumen umrahmte, zwölf Hektar große Rebfläche, die wir, der Markierung 12 folgend, gemächlich umrunden. Bald darauf erreichen wir die Schönbornstraße und haben nun Zeit, Ausschau nach einem verlockenden Weingut zu halten.

Das Volkacher Rathaus wurde 1544, im Zeitalter der Renaissance erbaut, und hat das für Franken typische Sockelgeschoss mit Außentreppe.

Einkehr im *Weingut Götz*

Auf der Schönbornstraße werden wir auch gleich fündig. Familie Götz besitzt acht Hektar am Kapellenberg. Hatte Großvater Götz anfangs nur einen landwirtschaftlichen Betrieb mit Weinanbau als Nebenerwerb im Auge, so hat Enkel Stefan, ein perfekt ausgebildeter Önologe, sich inzwischen ganz auf diesen spezialisiert. Neben Domina und Rotling enthält die aktuelle Weinliste vier Weißweine (Müller-Thurgau, Bacchus, Silvaner und Riesling) – und zwar trockene und halbtrockene, Kabinettweine und Spätlesen. Die Rebflächen am Kapellenberg sind mit einer Hanglage von bis zu 20 Prozent nach Südsüdost und Südsüdwest ausgerichtet. Die Böden, eine Mischung aus Muschelkalk und Lettenkeuper, bieten den Rebstöcken eine Menge unterschiedlicher Mineralien. Die Bearbeitung der Weinberge erfolgt möglichst umweltfreundlich und Rotweintrauben werden traditionellerweise stets handverlesen.

Weinverkauf und -verkostung sind nach vorheriger Anmeldung immer möglich, ebenso fachkundige Beratung und Führung durch das Weingut.

Zurück mit dem Bus oder per pedes

Bis hierher hat der Rundgang an die drei Stunden in Anspruch genommen, und zurück nach Volkach ist nochmals mit einer Stunde zu rechnen. Wer die verbleibende Zeit anstatt mit Wandern lieber mit einem längeren Bummel in Volkach verbringen möchte, benutzt eine der Buslinien 8105, 8110 und 8137. Bushaltestellen sind in der Schönbornstraße.

Die Unermüdlichen gehen bis ans Ende der Schönbornstraße und biegen dort in die Hirtengasse ab. In einer Linksschleife und mit der Markierung 12 erreichen wir in wenigen Minuten die Landstraße Gaibach-Zeilitzheim, auf der wir 200 Meter weiterlaufen. Linker Hand im Hintergrund die Lage Gaibacher Kapellenberg. Kurz darauf schwenken wir rechts auf Weg 12 Richtung Volkach ein und haben einen längeren, aber allmählichen Anstieg zu bewältigen. Die Rebstöcke der Lage Volkacher Ratsherr beginnen erst ab dem höchsten Punkt der Hügelkette. Die Aussicht von dort oben ist überwältigend und reicht bis zu den Lagen Zeilitzheimer Heiligenberg und Obervolkacher Landsknecht im Osten.

Nach knapp einer Stunde tauchen die ersten Häuser von Volkach auf. Wir überqueren das Flüsschen Volkach, lassen die Schaubmühle links liegen und erreichen über die Grünanlage rechts die Altstadt. Auf der Weinstraße erreichen wir schnell die Hauptstraße. Wer mehr von dieser wunderbaren Stadt kennenlernen möchte, holt sich beim Tourismusbüro im Rathaus den bebilderten Stadtplan und stellt sich einen individuellen Rundgang zusammen. Zu entdecken gäbe es hier einiges, z. B. das Schelfenhaus, die Pfarrkirche St. Bartholomäus, die Alte Würzburger Amtskellerei, das Kloster der Franziskanerinnen und das Museum Barockscheune, das Ausstellungen zur Geschichte Volkachs und der gesamten Mainschleife beherbergt und außerdem mit allerlei kulturellen Angeboten lockt.

Weinempfehlung

Der Silvaner, eine äußerst anspruchsvolle, spät reifende Rebsorte, zählt in Franken neben dem Müller-Thurgau zu den am häufigsten angebauten Sorten. Im mineralstoffhaltigen Muschelkalkboden kann die Traube ihr feinfruchtiges Muskataroma optimal entwickeln. Deshalb fiel meine Auswahl im *Weingut Götz* wie von selbst auf den 2012er Silvaner Kabinett vom Gaibacher Kapellenberg, einen trockenen vollmundigen Wein, der wie Öl die Kehle hinabrinnt und zu jedem guten Essen hervorragend passt.

Thilo Castner

Informationen:
TouristInformation Volkacher Mainschleife Rathaus, 97332 Volkach, Tel. 0 93 81/4 01 12, www.volkach.de
Weingut Thomas Götz, Schönbornstr. 5, 97332 Gaibach, Tel. 0 93 81/92 95, Fax 0 93 81/34 65, Weinverkostung und -kauf nur nach vorheriger Anmeldung möglich, www.weingut-thomas-goetz.de
Museum Barockscheune, Weinstraße 7, 97332 Volkach, Tel. 0 93 81/71 75 90. Geöffnet Ostern–Okt Fr 14.00–17.00, WE/Fei 11.00–17.00, www.museum-barockscheune.de

Einkehrtipp:
Gasthof – Weinbau *Goldener Löwe,* Schönbornstr. 1, 97332 Gaibach, Tel. 0 93 81/35 95, Fax 0 93 81/69 21. Geöffnet Fr ab 16.30, WE/Fei ab 10.00 durchgehend, www.lorey-gaibach.de
Gasthof & Hotel Behringer, Marktplatz 5, 97332 Volkach, Tel. 0 93 81/81 40, Fax 0 93 81/81 42 99. Geöffnet Fr–Mi ab 11.00 durchgehend, Do Ruhetag, www.hotel-behringer.de

Extras:
Gaibacher Weinfest am ersten Aug-WE im Schlossinnenhof.

Karten:
Wandern und Radfahren an der Mainschleife 1:20.000, hrsg. von der Volkacher TouristInformation und Fritsch Wanderkarte 1:50.000, Nr. 83, Landkreis Würzburg.

7 Oberschwarzach

Tour: Durch die Weinberge zwischen Oberschwarzach, Handthal und Kammerforst.
Länge: Rund 6 km.
Dauer: Etwa 1 ½ Std.
Höhenunterschied: 60 m.
Markierung: Wegbeschreibung im Text.
Familie: Für jede Altersstufe angemessen.
Anfahrt: *ÖPNV:* Von Würzburg/Gerolzhofen mit Bus 8163, Haltestelle in Ortsmitte. *Kfz:* Auf der B 22 (Bamberg-Würzburg) bis Breitbach, von da nach Oberschwarzach noch 3 km.

Oberschwarzach liegt zwischen dem Maindreieck und den Ausläufern des Steigerwalds. Unmittelbar neben dem Ort entspringt die Schwarzach. Die Weinberge unterhalb der nahen Stollburg, die möglicherweise der Geburtsort des Minnesängers Walther von der Vogelweide ist, sind mit einer Hanglage von bis zu 70 Prozent die steilsten in Franken – hier wächst der Wein auf einer Höhe von bis zu 400 Metern. Auf den angrenzenden Hängen Oberschwarzacher Herrenberg und Kammerforster Teufel gedeihen gleichfalls vorzügliche Trauben, sodass es für Weinkenner und Weingenießer nahezu unverzeihlich wäre, diese Region nicht aufzusuchen.

Bummel durch den alten Ortskern

Vor dem Start unserer heutigen Wanderung schauen wir uns zunächst ein wenig in Oberschwarzach um. Unübersehbar ist da natürlich das imposante Renaissanceschloss mit markantem Stufengiebel und zwei formschönen Rundtürmen. Fürstbischof Julius Echter hatte 1614 den Bau als Bischöfliches Amtshaus in Auftrag gegeben. Gleich neben dem Schloss liegt die stattliche Pfarrkirche St. Peter und Paul. Sehenswert sind hier vor allem eine Madonna mit Kind aus dem 15. Jahrhundert und die Figur des Heiligen Sebastian aus der Riemenschneider-Werkstatt. Auf dem Kirchplatz ragt eine herrliche Mariensäule aus grauem Stein über zehn Meter in die Höhe. Die Heiligenfiguren an den Fassaden vieler Häuser legen die Vermutung nahe, dass die Bewohner hier lange unter dem Einfluss der Würzburger Bischöfe standen. Unverzichtbar ist eine Besichtigung des Alten Gewölbekellers in der Unteren Ofengasse.

Von der Lage Handthaler Stollberg zum Oberschwarzacher Herrenberg

Um die ortsnahen Weinberge in Augenschein zu nehmen, gehen wir von der Bushaltestelle zur Handthaler Straße und von dort bis zu den letzten Häusern. Danach biegen wir links in die von Buschwerk eingerahmte Nebenstraße ein. Sobald die nächste Querstraße erreicht ist, orientieren wir uns mit dem Hinweisschild »Stollberg« nach rechts. Wir tauchen kurz darauf in eine bewaldete Bodensenke ein, halten uns auf dem Querweg links und haben nunmehr den 443 Meter hohen Stollberg in seiner erhabenen Größe vor uns. Ganz oben, teilweise von Baumwipfeln verdeckt, ist der Turm der Stollburgruine zu erkennen. Darunter liegt auf halber Höhe das *Gasthaus zur Stollburg* des Staatlichen Hofkellers Würzburg. Wie schon erwähnt, haben die Süd- und Westhänge des Stollbergs

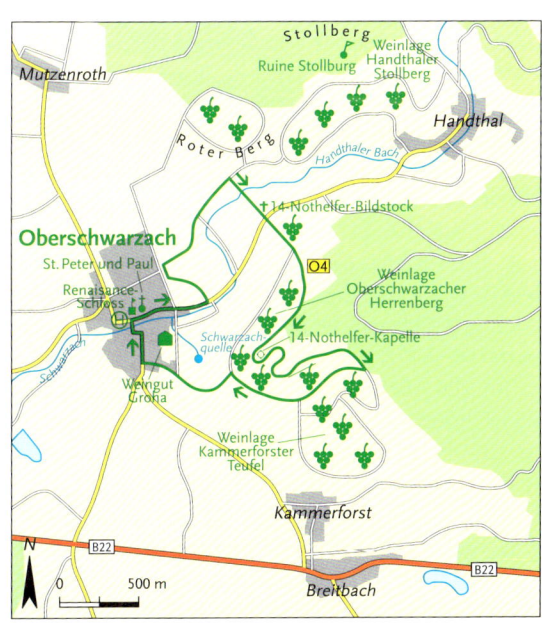

Das Renaissanceschloss in Oberschwarzach ist von wunderschönen Fachwerkhäusern umgeben.

ein Gefälle von bis zu 70 Prozent – nirgendwo sonst in Franken reifen Trauben auf einer so extremen Höhenlage. Selbst der anspruchsvolle Silvaner, der normalerweise nur auf Weinbergen reift, die nicht über 300 Meter hoch liegen, gedeiht auf den über 400 Meter hohen Stollberghängen.

Während das herrliche Stollberg-Panorama den Wanderer noch in seinen Bann zieht, taucht rechter Hand etwas unvermittelt ein Wegweiser zur Vierzehn-Nothelfer-Kapelle auf. Neugierig biegen wir ab – ein schmaler Trampelpfad führt uns in ein grünes Paradies. Wir überqueren den Handthaler Bach und stoßen unmittelbar vor der nach Handthal führenden Straße auf einen Bildstock in Kreuzform mit den Namen der 14 Nothelfer. Die Kapelle, unser eigentliches Tagesziel, ist inzwischen auch gut sichtbar, wenngleich noch ein gutes Stück des Wegs entfernt.

Bei der Weinlage Oberschwarzacher Herrenberg taucht etwas Überraschendes auf: eine kleine Parzelle mit Rebstöcken im gemischten Satz, eine in früheren Zeiten übliche Anbaumethode. Damals wurde jede Rebe einzeln an einen Pfahl befestigt – Drahtverbindungen gab es nicht –, und man pflanzte verschiedene Rebsorten nebeneinander, die dann gemeinsam geerntet und gekeltert wurden. Der auf diese Weise entstandene Wein unterschied sich von dem heutigen gewaltig – vor allem in geschmacklicher Hinsicht. Denn diese Anbaumethode sorgt für eine große Geschmacksvariation zwischen den einzelnen Jahrgänge und erfordert zugleich die ganze Erfahrung und Sensibilität des Winzers, um aus den Anteilen der verschiedenen Weinsorten einen harmonisch schmeckenden Wein kreieren zu können. Näheres zu dieser Anbaumethode ist der Infotafel neben der Parzelle zu entnehmen.

Nothelfer-Kapelle und Abt-Ludwig-Hütte

In großen Schleifen geht es nun bergauf, bis schließlich die den 14 Nothelfern gewidmete Weinbergkapelle erreicht ist. Sie entstand Anfang der 1980er Jahre und überrascht mit einer fünfeckigen Dachkonstruktion. Daneben ein Campanile mit Friedensglocke, errichtet nach Abschluss der Flurbereinigungsmaßnahmen. Vor der Kapelle ein weit sichtbares Kreuz und etliche Ruhebänke. Die Aussicht auf die Landschaft ringsum, gut 50 Meter über Oberschwarzach, ist einfach herrlich. Deshalb in aller Ruhe Platz nehmen und das Panorama ausführlich genießen.

Zum Abstieg nach Oberschwarzach schlendern wir die Weinbergstraße hinter der Kapelle hinunter, gelegentlich begleitet von der Markierung 04. Die Ortschaften gen Süden sind Kammerforst und Breitbach. Die sich dorthin erstreckenden Rebstöcke gehören zur Weinlage Kammerforster Teufel. Später wird es Gelegenheit geben, die Weine der umwanderten Weinberge zu probieren. Zuvor kommen wir zu der Abt-Ludwig-Hütte. Ein Gedenkstein erinnert an die guten Taten dieses frommen Mannes, der von 1686 bis 1696 das Ebracher Kloster geleitet hat.

Nachdem wir die großen Schleifen abgelaufen haben und unterhalb der Weinlage Herrenberg angekommen sind, biegen wir von der Weinbergstraße nach links ab. Bald ist die Hauptstraße von Oberschwarzach erreicht, und es wird allmählich Zeit, ein Wirtshaus oder Weingut ausfindig zu machen.

Weingut Groha

Das *Weingut Groha* liegt in der Wethstraße, und wer sich vorher angemeldet hat, wird von Familie Groha überaus freundlich in Empfang genommen werden. Großvater Hans Groha hatte 1949 mit einer Brotzeitstube mit Weinausschank recht bescheiden angefangen. 1969 trat Sohn Hubert in seine Fußstapfen und begann den Betrieb zu vergrößern. Inzwischen ist unter Enkel Andreas, einem waschechten Winzermeister, ein ansehnliches Weingut entstanden, das laufend erweitert und modernisiert wird. Knapp acht Hektar Rebfläche, verteilt auf die Lagen Handthaler Stollberg, Oberschwarzacher Herrenberg und Kammerforster Teufel, sind in Groha'schem Besitz. Zwei Drittel der gesamten Rebfläche werden selbst bewirtschaftet, der Rest der Trauben kommt von Vertragswinzern.

Schwerpunkt der Weinliste ist der Müller-Thurgau, eine Rebe, die kalte Tage relativ gut übersteht. In gewisser Weise sind die Hänge am Stollberg ja auch so etwas wie der Geburtshelfer des Müller-Thurgaus, denn erst, als die dort 1947 geernteten Trauben einen Jahrgang ergaben, der später höchste Auszeichnungen erhielt, begann der Siegeszug dieses Weins in Franken. *Weingut Groha* bietet den Müller-Thurgau trocken, halbtrocken sowie als Spätlese an. Aber natürlich gibt es noch viel mehr Sorten zu kosten, und zwar Kerner, Bacchus, Silvaner, Rotling und Domina, in Liter- und Bordeauxflaschen oder im Bocksbeutel. Auf den fruchtbaren Keuperböden gedeihen Trauben für Weine mit großer Mineralität. Entsprechend sind alle Groha-Weine von fruchtigem und kräftigem Aroma. Schwer vorstellbar, dass jemand dieses Weingut verlässt, ohne begeistert zu sein.

Die Weinlage Handthaler Stollberg hat ein Gefälle von bis zu 70 Prozent.

Weinempfehlung

Diesmal fiel mir die Wahl sehr schwer, denn eigentlich hätte ich alle Groha-Weine in die Weinempfehlung aufnehmen können. Letztlich habe ich mich dann für den halbtrockenen 2012er Rotling entschieden, gekeltert aus der Müller-Thurgau- und der Dornfelder-Traube, ein leichter, quicklebendiger Wein, fruchtig und frisch im Geschmack, der besonders gut zu vegetarischen Gerichten passen dürfte.

Thilo Castner

Informationen:
Marktgemeinde Oberschwarzach, Handtaler Str. 9, 97516 Oberschwarzach, Tel. 0 93 82/3 13 80, Fax 0 93 82/31 44 41, www.oberschwarzach.de
Weingut Groha, Wethstr. 11, Tel. 0 93 82/31 75 77 oder 01 57/82 18 12 78. Weinkauf und Weinverkostung jederzeit nach vorheriger Anmeldung möglich, www.weingut-groha.de

Einkehrtipp:
Alter Gewölbekeller, Untere Ofengasse 7, Tel. 0 93 82/3 10 19 19, Fax 0 93 82/3 10 19 20. Geöffnet Sep–Nov Sa ab 16.00 und So/Fei ab 14.00, www.famwagner.de
Alte Scheune, Untere Ofengasse 3, Tel. 0 93 82/58 46, Fax 0 93 82/58 89. Geöffnet Mai–Jun und Aug–Nov WE/Fei ab 15.00, www.famwagner.de

Extras:
Hofschoppenfest im *Weingut Groha* am 2. Aug-WE.
Oberschwarzacher Marktplatz-Weinfest am 1. Jul-WE.

Karte:
Fritsch Wanderkarte 1:50.000, Nr. 67, Naturpark Steigerwald.

8 Neuses am Berg

> **Tour:** Von Escherndorf nach Neuses am Berg.
> **Länge:** Hin und zurück gut 10 km.
> **Dauer:** Reine Gehzeit rund 2½–3 Std.
> **Höhenunterschied:** Insgesamt etwa 120 m.
> **Markierung:** Vorwiegend rotes Auge (Panoramaweg) und K (Meditationsweg).
> **Familie:** Da es mehrmals bergauf und bergab geht, sollte man im Wandern geübt sein.
> **Anfahrt:** *ÖPNV:* Mit dem Zug bis Würzburg Hauptbahnhof, anschließend mit der Buslinie 8105 vom dortigen Busbahnhof zur Haltestelle in Escherndorf. *Kfz:* Auf der A 70 bis Ausfahrt 74 (Kitzingen/Schwarzach), dann über Schwarzach nach Volkach, von hier über Astheim nach Escherndorf.

Dieser Ausflug führt in das wohl schönste und zugleich größte Weinanbaugebiet Unterfrankens, an die Mainschleife zwischen Volkach und Sommerach. Viele der besten fränkischen Weine stammen von hier, so vor allem der Escherndorfer Lump, den auch Geheimrat Goethe sehr zu schätzen wusste und immer gerne bestellt haben soll. Nordheim und Escherndorf zählen neben Volkach zu den bekanntesten Weinorten. Unser heutiges Ziel, das Weindorf Neuses am Berg, ist nicht ganz so renommiert, doch auch hier wächst ein hervorragender Wein, wie wir bald feststellen werden.

Vom Escherndorfer Lump zu den Neuseser Glatzen

Wir starten am Parkplatz neben der Mainfähre Nordheim–Eschendorf, bzw. an der um 1600 erbauten spätgotischen Escherndorfer Pfarrkirche, wenn wir mit dem Bus gekommen sind. Aufmerksam schlendern wir die Bocksbeutelstraße entlang. Hier wohnt in nahezu jedem zweiten Haus ein Winzer, denn nach wie vor leben die meisten Bewohner Eschendorfs vom Weinanbau. Am Ende der Bocksbeutelstraße halten wir uns rechts und biegen anschließend auf der Weinbergstraße nach links ab. Vom *Weingut Paul Sommer* wurde hier ein Reb-

Im Herzen des unterfränkischen Weinanbaus

sorten-Lehrpfad angelegt, der darüber Auskunft gibt, welche Rebsorten rund um Escherndorf zu finden sind.

Es geht jetzt zunächst leicht bergan, von beiden Seiten umgeben uns die Rebhänge der Lage Escherndorfer Lump, von der, wie schon erwähnt, einer der vorzüglichsten fränkischen Weine stammt. Je höher wir kommen, desto weiter wird der Blick über den Main zur Weininsel, so genannt, da dieses Gebiet zwischen Main und Mainkanal komplett mit Weinstöcken bepflanzt ist. Der Blick zurück fällt auf Escherndorf und Nordheim, darüber thront die Vogelsburg mit dem ältesten Weingut der Region – ein herrliches Panorama.

Gemächlich fließt der Main dahin, umsäumt Flussauen und zahllose Inselchen, und auch wir lassen uns Zeit. Sobald unter uns das malerische Dörfchen Köhler zu sehen ist, können wir uns etwas erholen, denn es geht nun leicht bergab. Dann jedoch folgt ein längerer und steiler Anstieg. Inzwischen sind wir bei der Lage Escherndorfer Fürstenberg angekommen, von der ebenfalls ein exzellenter Wein gewonnen wird. In der Ferne, auf der linken Mainseite, ist die Turmspitze der Sommeracher Kirche zu erkennen.

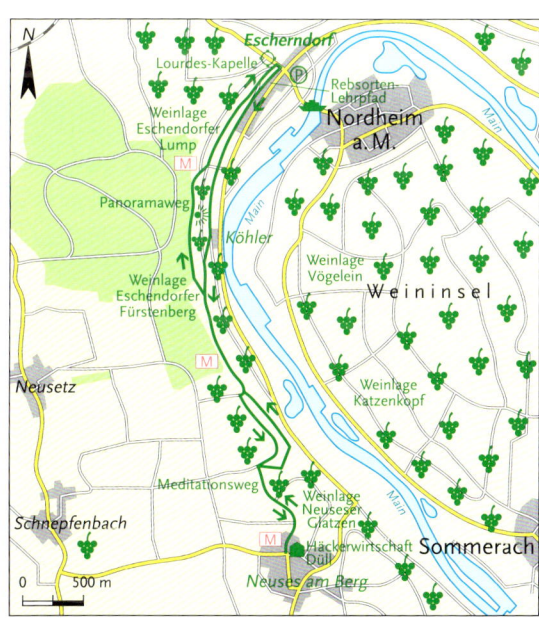

Der Glatzenbrunnen in Neuses am Berg mit der Figur des fröhlichen Zechers

Auf halber Höhe stößt von rechts der Panoramaweg zu uns. Ohne jede Hektik geht es weiter, und wir erreichen den mit K markierten Meditationsweg. Hier beginnt die Lage Neuseser Glatzen. Auf diesen urigen Namen einigten sich 1971 die Winzer der Gemeinde Neuses mit ihren insgesamt 27 Rebhängen. Auf dem Meditationsweg beschreiben mehrere Tafeln die Vorzüge des Weingenusses. Wie zu lesen ist, wusste bereits Goethe, dass der Wein dort, wo er wächst und getrunken wird, zur Bildung eines freieren Charakters beiträgt und über die ganze Gegend eine unglaubliche Heiterkeit verbreitet. Zudem, so die gesicherte Erkenntnis der modernen Medizin, senkt Wein in Maßen genossen den Cholesterinspiegel und mindert das Risiko, von Schlaganfällen oder Herzinfarkten heimgesucht zu werden. Derart motiviert setzen wir unsere Wanderung mit der Markierung K auf dem Panoramaweg unverdrossen fort. Bald darauf tauchen die zwei Zwiebeltürme von Neuses auf. Nach gut einer Stunde von Escherndorf aus gerechnet, haben wir über die Köhlerstraße den Neuseser Marktplatz erreicht.

Das beschauliche Winzerdorf ist erstmals 1330 unter *Nuzez apud Tetelbach* urkundlich erwähnt worden und geht auf eine frühe Ansiedlung zurück, wobei *Nuzez* bzw. *Neuses* so viel bedeutet wie »neuer Sitz«. Wein wird hier seit Jahrhunderten angebaut. Mit der Gebietsreform von 1972 ist Neuses ein Ortsteil der Stadt Dettelbach und besitzt bei nur 400 Einwohnern zwei stattliche Kirchen. Das 1674 gebaute Rathaus wartet mit schönem Renaissance-Fachwerk auf. Davor wacht auf dem Marktplatz die Skulptur eines fröhlichen Zechers, der in der einen Hand den Bocksbeutel, in der anderen ein Weinglas hält.

Die Weine der Neuseser Glatze

Was es mit diesen Weinen auf sich hat, erzählt uns Winzer Karl-Heinz Düll in seiner Häckerwirtschaft in der Köhlerstraße. Das ausladende Gebäude ist früher landwirtschaftlich genutzt worden, der Weinanbau wurde lediglich nebenbei betrieben und die geernteten Trauben gingen an die Genossenschaft. Seit 1990 wird nun aber alles selbst vermarktet. Stolze acht Hektar Neuseser Glatze bearbeitet Düll mit seiner Familie. Etwa ein Drittel der Trauben wird per Hand gelesen, denn bei einer Hangneige von über 40 Prozent kommt eine maschinelle Ernte nicht infrage. Auf der Düll'schen Weinliste finden sich sieben Weißweine – Scheurebe, Bacchus, Müller-Thurgau, Riesling, Silvaner, Kerner, Weißer Burgunder – und drei Rotweine – Domina, Dornfelder, Rotling –, darunter auch Spätlesen sowie mit Silber und Bronze prämierte Sorten.

Düll ist überzeugt, dass er mit seinen Weinen dem Escherndorfer Lump durchaus Paroli bieten kann. Der Muschelkalkboden und die günstige Hanglage am Berg sorgen für hochwertige Qualität, zumal die Rebstöcke Jahr für Jahr mit Pferdemist gedüngt werden, den die vier hauseigenen Vierbeiner zuverlässig produzieren. Gespritzt wird nur das Notwendigste, man will so naturnah wie möglich arbeiten. Weinproben werden in der gemütlichen Häckerstube mit und ohne fränkische Hausmacher Brotzeit an Wochenenden und Feiertagen von Ostern bis Ende November angeboten – und nach vorheriger Anmeldung auch außerhalb dieser Zeiten. Und dann können die Gäste noch etwas ganz Besonderes erleben: Pferdekutschfahrten im Planwagen, gezogen von den Vierbeinern im Stall, über Schnepfenbach und Neusetz zu den Weinlagen am Main, und anlässlich des Hofschoppenfests am dritten August-Wochenende sogar gratis. Wer könnte dem widerstehen?

Ein grandioser Rückweg

Nach einer genussvollen Weinverkostung geht es zurück nach Escherndorf, diesmal mit zwei kleinen Variationen. Nach Durchschreiten des schmalen Waldgürtels teilt sich der Weg – wir halten uns rechts und lernen so einen anderen Teil des Mediationsweges kennen. Die zweite Abweichung: Wir bleiben bis Escherndorf auf dem Panoramaweg und haben einen noch grandioseren Ausblick auf den Main und die Weininsel, bis hin nach Astheim und Volkach. Paradiesischer kann eine Weinlandschaft nicht sein! Das letzte Stück des Panoramawegs führt entlang einer hohen, mit wildem Wein überwachsenen Steinmauer und endet kurz vor der Escherndorfer Pfarrkirche.

Bevor wir unseren Ausflug mit einer Einkehr ausklingen lassen, beispielsweise im Gasthaus *Zur Krone,* der ältesten Winzergenossenschaftswirtschaft Bayerns, gehen wir ein paar Schritte nach links zu der pittoresken Lourdes-Kapelle, die 1893 ein Escherndorfer Bürger nach erfolgreicher Pilgerfahrt nach Lourdes hatte erbauen lassen und die vor einigen Jahren umfassend restauriert worden ist. Da sich hier viele Paare trau-

Das idyllisch gelegene Escherndorf

en lassen, hat sie den Beinamen »Hochzeitskapelle« bekommen. Etwa 200 Meter weiter auf der Straße kann die Stahlkonstruktion des größten Bocksbeutels der Welt bewundert werden.

Weinempfehlung

Von den guten Weinen der *Häckerwirtschaft Düll* hat mir die Kerner Spätlese Neuseser Glatzen (Franken Bronze 2012) mit seiner würzig-fruchtigen Frische am meisten zugesagt. Und eine fränkische Brotzeit dazu – was könnte es nach einer Wanderung durch die idyllischen Weinlagen an der Mainschleife Schöneres geben?

Thilo Castner

Informationen:
Touristinformation Dettelbach, Rathausplatz 6, 97337 Dettelbach, Tel. 0 93 24/35 60, Fax 0 93 24/49 81, www.dettelbach.de
Weinbau Düll, Köhlerstraße 5, 97337 Neuses am Berg/ Stadt Dettelbach, Tel. 0 93 24/8 40, Fax 0 93 24/ 97 92 23. Wein kann jeden Tag nach vorheriger Anmeldung das ganze Jahr über eingekauft werden, www.weinbau-duell.de

Einkehrtipp:
Gasthaus *Zur Krone*, Bocksbeutelstr. 1, 97332 Escherndorf, Tel. 0 93 81/28 50, Fax 0 93 81/ 60 82. Geöffnet Apr–Nov Do–Mo ab 11.30 durchgehend, warme Küche 11.30–14.00, 17.30–21.30, dazwischen hausgemachter Kuchen und Vesperkarte. Geöffnet Dez–März Mo/ Do–Fr 17.30–21.30, WE/Fei ab 11.30 durchgehend, Di und Mi Ruhetag, www.krone-escherndorf.de

Extra:
Weinfest in Neuses am Berg Mitte Jun.

Karte:
Fritsch Freizeitkarte 1:50.000, Nr. 87, Landkreis Schweinfurt.

9 Homburg am Main

> **Tour:** Auf dem Homburger Weinwanderweg zu den Lagen Kallmuth und Edelfrau.
> **Länge:** Etwa 10 km.
> **Dauer:** Reine Gehzeit ohne Pausen 2½ bis 3 Std.
> **Höhenunterschied:** Gut 150 m.
> **Markierung:** Das auf einem Stuhl sitzende Winzermännle.
> **Familie:** Die Strecke ist anspruchsvoll und wohl nur von Personen mit guter Kondition zu bewältigen.
> **Anfahrt:** *ÖPNV:* Von Wertheim oder Marktheidenfeld mit Bus 8051. *Kfz:* Auf der A 3 (Nürnberg/Frankfurt) bis Ausfahrt 66 (Wertheim/Lengfurt), von dort aus noch ca. 10 km bis zu einem Parkplatz im Zentrum von Homburg.

Spitzenwein vom Main-Himmelreich

Wein vom Kallmuth, und die Augen des wahren Weinkenners beginnen zu leuchten. Nachweislich seit 1102 wird bei Homburg Wein angebaut. Vor allem die auf den steilen denkmalgeschützten Terrassen zwischen Homburg und Lengfurt wachsenden Trauben ergeben einen Wein, der zu Frankens besten zählt. Auch in kühleren Jahren werden hier Temperaturen von über 50 Grad gemessen – die insgesamt zwölf Kilometer langen und bis zu fünf Meter hohen Natursteintrockenmauern erweisen sich als idealer Wärmespeicher. Unterstützt auch durch den in unmittelbarer Nähe vorbeifließenden Main kann sich so ein submediterranes Klima entwickeln. Die außerordentliche Qualität des Weins beruht aber ebenso auf der besonderen Beschaffenheit des Bodens, einer Mischung aus Buntsandstein und Muschelkalk.

1978 wurden die bis dahin selbständigen Gemeinden Homburg, Lengfurt, Rettersheim und Trennfeld zur Verwaltungsgemeinschaft Markt Lengfurt zusammengelegt. In Homburg werden rund 55 Hektar Reben in den Weinlagen Kallmuth und Edelfrau bewirtschaftet. Die Flurnamen Lerchenberg und Wolpenberg sind in der Lage Kallmuth aufgegangen, und auch die bereits erwähnten Weinterrassen zwischen Lengfurt und Homburg sind ein Teil der Lage Kallmuth. Homburg hat seine Besonderheiten in der Verwaltungsgemeinschaft erhalten können und ist Jahr für Jahr nicht nur wegen seiner berühmten Weine ein attraktiver Ausflugsort. Es bezaubert auch mit seiner idyllischen Lage in dem traumhaft schönen Maintal zwischen Odenwald und Spessart. Den Besucher erwartet also ein wahres Paradies.

Erstürmung des Kallmuther Berges

Unser Ehrgeiz ist es heute, zunächst den zehn Kilometer langen Homburger Weinwanderweg mit kleinen und größeren Steigungen zu schaffen, und deshalb heben wir uns eine Besichtigung der örtlichen Sehenswürdigkeiten für später auf. Start des Rundgangs ist der Julius-Echter-Platz. Die Wegmarkierung Winzermännle ist schnell gefunden, und nach der Würzburger Straße liegt der Kallmuther Berg bereits zum Greifen nahe vor uns. Da es gleich steil bergauf geht, sollte man es langsam angehen lassen und stets das grandiose Panorama mit Blick auf Homburg und das Maintal genießen. Am Scheitelpunkt der Anhöhe bietet sich eine kurze Verschnaufpause an, um die Informationstafeln über die Besonderheiten des Hom-

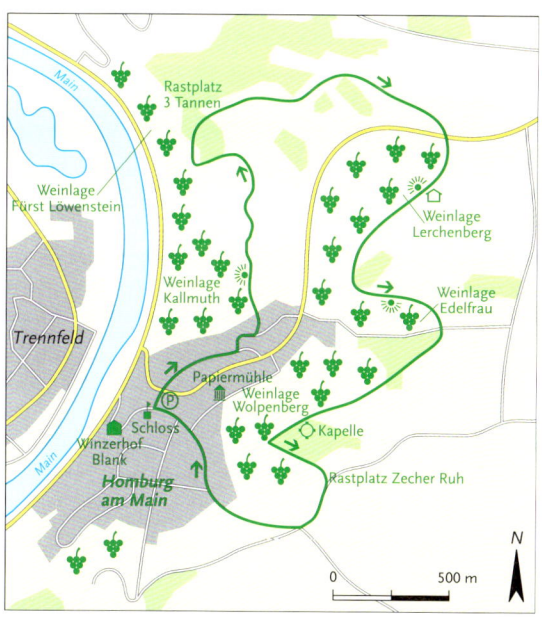

burger Weinwanderwegs zu lesen. Anschließend führt die Markierung Winzermännle am Waldrand entlang bis zum ersten Rastplatz. Dort findet sich erneut eine Infotafel über Flora und Fauna der Gegend. Verschiedene Orchideenarten wachsen hier, außerdem Graslilie, Knabenkraut, Frauenschuh, Seidelbast und Zypressenwolfsmilch, und auch seltene Schmetterlinge gibt es, wie z. B. Schwalbenschwanz, spanische Flagge oder Akazienzipfelfalter. Linker Hand der Wegstrecke, die wir gerade zurückgelegt haben, befinden sich senkrecht abfallende Buntsandsteinfelsen, darunter die legendären Weinterrassen, die man von oben allerdings nicht sehen kann.

Vom Lerchenberg über Edelfrau zum Wolpenberg

Es folgt nunmehr eine längere Strecke oberhalb der Rebhänge, teilweise durch Wald, über Trockenrasen und mit gelegentlichem Ausblick auf Homburg und seine Weinberge. Der Weg ist gut markiert, manchmal ist unser Winzermännle allerdings im Gras versteckt oder durch überhängende Zweige nur schwer auszumachen. Zwischendurch warnt ein Hinweisschild, dass im nahen Steinbruch Sprengungen erfolgen können. Ein mehrere Hundert Meter langer Zaun links soll verhindern, dass Ortsunkundige an die Abbruchkante des Steinbruchs geraten. Nach gut fünfzehn Minuten stehen wir oberhalb der Weinlage Lerchenberg und erreichen einen zweiten Rastplatz, eine Schutzhütte. Wiederum ein herrlicher Weitblick!

Der nächste Rastplatz liegt oberhalb der Weinlage Edelfrau, so benannt, weil der von dort stammende Wein einst für die edlen Frauen des Homburger Schlosses bestimmt war. Die Rebhänge haben ein Gefälle von bis zu 50 Prozent. Lässt man den Blick nach rechts und links schweifen, so wird man erkennen, dass die Weinberge halbkreisförmig wie in einem großen Becken liegen, das nur zum Main hinunter offen ist. Dies ist der Grund dafür, warum hier ein optimales Kleinklima für Wein entsteht.

Nach einer Straßenüberquerung ist der Wolpenberg erreicht. Wir durchschreiten ein Wäldchen, stoßen auf eine kleine Kapelle und stehen dann oberhalb der Weinlage Wolpenberg. Bevor der Weg zurück nach Homburg führt, liegt links etwas oberhalb der Rastplatz Zecher Ruh. Erleichtert werden wir dann – es geht ja nur noch bergab – mit hungrigem Magen und durstiger Kehle bestrebt sein so schnell wie möglich, den Ausgangspunkt des Rundgangs, den Julius-Echter-Platz, zu erreichen, um in einem der zahlreichen Weinkeller oder Wirtshäuser einzukehren.

Winzerhof Blank

Der *Winzerhof Blank* empfängt jeden Gast, der seinen Besuch zuvor telefonisch angekündigt hat, mit offenen Armen. Das Weingut, ein für Unterfranken typischer Viereckhof, verfügt über eine Rebfläche von drei Hektar, Lage Kallmuth und Edelfrau, mit Neigungen von 25 bis 55 Prozent. Ein Drittel der Fläche sind Steillagen, die nur mit Seilzug bewirtschaftet werden können. Der Ertrag dieser harten Arbeit sind drei Weißweine, die fränkische Nobelsorte Silvaner, der anspruchsvolle Riesling und der fruchtige Müller-Thurgau bzw. Rivaner, und drei Rotweine, der edle Spätburgunder, der rassige Domina und der seltene Blauburger. Regelmäßig wurden Weine des Winzerhofs beim Fränkischen Weinbauverband prämiert. Auch wurde das Weingut im einflussreichen *Gault-Millau* empfohlen.

Malerischer Blick auf das idyllische Homburg.

Das Museum Papiermühle ist in seiner Art einmalig.

Alfred Blank, neun Jahre lang Vorsitzender des Homburger Winzer- und Weinbauvereins und derzeit dessen Vizepräsident, führt das Weingut in dritter Generation, seit 1995 ausschließlich als Selbstvermarkter. Angelika Blank ist als Gästeführerin tätig und organisiert Wanderungen durch die Homburger Weinberge. Nach dem heißen Sommer des Jahres 2003 hat Blank auf seinen 1,8 Hektar eine Tröpfchenbewässerung eingerichtet, gespeist aus dem eigenen Brunnen. Alle Trauben werden handverlesen, was auf den Steillagen teilweise auch gar nicht anders möglich wäre. Die mineralstoffhaltigen Muschelkalkböden sorgen dafür, dass die Blank'schen Weine fruchtig und körperreich schmecken und relativ lange halten.

Homburgs Sehenswürdigkeiten

Vor oder nach der Wirtshauseinkehr bzw. einer Weinverkostung bietet sich natürlich ein Gang durch den Ort an. Mittelpunkt und Wahrzeichen Homburgs ist das auf einem Tuffsteinfelsen ruhende Schloss, ein bauhistorisches Schmuckkästchen, das Ende der 1980er Jahre aufwendig restauriert wurde und in dem jetzt Kammerkonzerte und Ausstellungen stattfinden. Der

Innenhof des Schlosses mit dem komplett erhaltenen Bergfried ist frei zugänglich. Im Inneren des Schlossbergs befinden sich mehrere Höhlen, die größte davon, die so genannte Burkardusgruft, kann besichtigt werden – der Legende nach ist hier 753 der Heilige Burkhard, der erste Bischof von Würzburg, verstorben.

Ein weiterer Höhepunkt Homburgs ist das Museum Papiermühle. Zu sehen sind die in der Vergangenheit zur Herstellung der verschiedenen Papier- und Pappesorten erforderlich gewesenen Werkzeuge und Maschinen. Die Produktion wurde 1975 eingestellt, danach blieb jedoch alles unverändert, sodass Besuchern ein authentisches Bild von den Arbeits- und Lebensbedingungen der ehemaligen Mühlenbewohner vermittelt wird.

Lohnend ist auch ein Besuch der neuromanischen Pfarrkirche St. Burkhard, ein solider Buntsandsteinbau gegenüber dem Schloss. Unverzichtbar ist außerdem ein Abstecher in Richtung Lengfurt zu den denkmalgeschützten Weinbergterrassen, allesamt im Besitz des Fürstlich Löwenstein-Wertheim Rosenberg'schen Weinguts. Kaum vorstellbar, wie jemand von diesen Anlagen nicht beeindruckt sein könnte.

Weinempfehlung

Nach dem Müller-Thurgau zählt der Silvaner zu den in Franken am häufigsten angebauten Rebsorten. So auch im *Winzerhof Blank* – die Hälfte aller hier erzeugten Weißweine sind Silvaner. Meine Wahl fiel deshalb ohne langes Überlegen auf die trockene Silvaner Spätlese Homburger Kallmuth, gekeltert aus Trauben 50 Jahre alter Rebstöcke und 2012 mit der Silbermedaille des Fränkischen Weinbauverbands ausgezeichnet. Das intensive fruchtig-starke Aroma dieses Weins mit angenehmer Balance von Säure und Süße wirkt im Gaumen lange nach und lässt jedes Essen zum Hochgenuss werden.

Thilo Castner

Informationen:
Gemeindeverwaltung Triefenstein, Rathausstr. 2, 97855 Triefenstein-Lengfurt, Tel. 0 93 95/97 01 14, Fax 0 93 95/97 01 15, www.markt-triefenstein.de

Winzerhof Blank, Maintalstr. 33, 97855 Triefenstein-Homburg, Tel. 0 93 95/9 93 19. Weinkauf und Weinverkostung nach vorherigem Anruf immer möglich. Als Heckenwirtschaft geöffnet je vier Wochen Ende März/Anfang Apr und Ende Aug/Anfang Sep, www.winzerhof-blank.de

Museum Papiermühle Homburg, Gartenstr. 11, Tel. 0 93 95/9 92 22. Geöffnet Mai–Okt Di–Fr 10.00–12.00 und 14.00–16.00, WE/Fei 10.00–12.00 und 14.00–17.00, www.papiermuehle-homburg.de

Einkehrtipps:
Wolzenkeller Homburg, Julius-Echter-Platz 2, Tel. 0 93 95/ 87 83 84, Fax 0 93 95/87 83 85. Im Frühjahr geöffnet Mo, Do–Fr ab 17.00, WE/Fei ab 12.00, Mi Ruhetag. Im Sommer geöffnet Mo–Di, Fr 12.00–14.00 und ab 17.00, Do nur ab 17.00, WE/Fei ab 12.00, Mi Ruhetag. Im Winter geöffnet Mo –Di, Do–Fr ab 17.00, WE/Fei ab 12.00, Mi Ruhetag, www.wolzenkeller.de

Weinstube *Weinkrug*, Maintalstr. 19, 97855 Triefenstein/ Homburg, Tel. 0 93 95/10 29. Geöffnet Mo–Fr ab 18.00, WE ab 16.00, Di Ruhetag, www.weinkrug-homburg.de

Extras:
Homburger Weinfest im Schlosshof am letzten Jul- und ersten Aug-WE.
Homburger Weinwanderung am letzten So im Jun.

Karte:
Fritsch Freizeitkarte 1:50.000, Nr. 88, Main-Spessart.

Kitzingen 10

Tour: Rundwanderung durch zwei Kitzinger Rebhänge.
Länge: Ca. 10 km.
Dauer: Reine Gehzeit ohne Stadtbummel 2½ bis 3 Std.
Höhenunterschied: Rund 100 m.
Markierungen: Keine ausreichenden Hinweisschilder. Wegbeschreibung im laufenden Text.
Familie: Für Kinder ab 10 Jahren gut zu schaffen.
Saison: Ganzjährig möglich. Besonders lohnend Mai–Okt.
Anfahrt: *ÖPNV:* Mit dem Zug zum Kitzinger Bahnhof. *Kfz:* Auf der A 3 bis Ausfahrt Kitzingen/Schwarzach, von da über den Ortsteil Etwashausen zum Parkplatz am Kitzinger Bahnhof. Von der A 7, Ausfahrt Kitzingen, auf der B 8 Richtung Kitzingen ebenfalls zum Bahnhofsparkplatz.

Zur Kitzinger Weingeschichte

Bereits während des Mittelalters war die Stadt Kitzingen Deutschlands Weinhandelsmetropole. Im Jahr 1482 entstand hier, verabschiedet von den Delegierten der fränkischen Fürsten und Bischöfe, das sogenannte Erste Fränkische Weingesetz, in dem, wie in der Bernbeck Chronik nachzulesen, festgelegt worden war, was im Wein enthalten sein durfte und was nicht. Wer dagegen verstieß, hatte mit harten Strafen zu rechnen. Das Gesetz wurde später von anderen Ländern übernommen und galt von Sachsen bis zum Bodensee.

Anfang des 20. Jahrhunderts zählte man in Kitzingen noch an die 100 Weinhändler. Derzeit sind es zwar nur sechs, der Wein spielt dort aber nach wie vor eine immense Rolle. Die Stadt ist immer noch Zentrum des unterfränkischen Weinhandels, und in keiner Region Frankens wird so viel Wein angebaut wie im Kitzinger Landkreis. Von der Vortrefflichkeit der Weinlagen im Umkreis der Stadt werden wir uns auf dem nun bevorstehenden Rundgang ein Bild machen können.

Über den Eselsberg nach Buchbrunn

Wir verlassen den Kitzinger Bahnhof, gehen links auf der Friedenstraße bis zur Bahnunterführung vor, passieren diese und orientieren uns anschließend nach rechts. Nach Überquerung der Straße umgehen wir die Tankstelle rechter Hand und biegen in die Buchbrunner Straße ein. Nun geht es geradeaus bis zur Siegfried-Wilke-Straße, in die wir nach rechts einschwenken, um kurz darauf über Treppen dem Straßenschild Am Steinbruch zu folgen. Es sind an die 50 Meter, die wir zu überwinden haben, und auf schmalem Weg geht es jetzt weiter leicht bergauf Richtung Buchbrunnerberg, links vorbei an einer Sportanlage.

Kurz darauf erreichen wir die ersten Rebhänge der Lage Kitzinger Eselsberg, umrahmt von dichten Hecken und aufgelockert von Streuobstwiesen, die für Pflanzen und Tiere einen wichtigen Lebensraum bieten. Es folgt bis Buchbrunn Rebhang auf Rebhang, alles in Steilhanglage, ab und an unterbrochen von Obstplantagen. Domina, Silvaner, Kerner und Grauburgunder gedeihen hier prächtig. Seit Längerem wird der Wein schon nach ökologischen Kriterien angebaut und immer noch

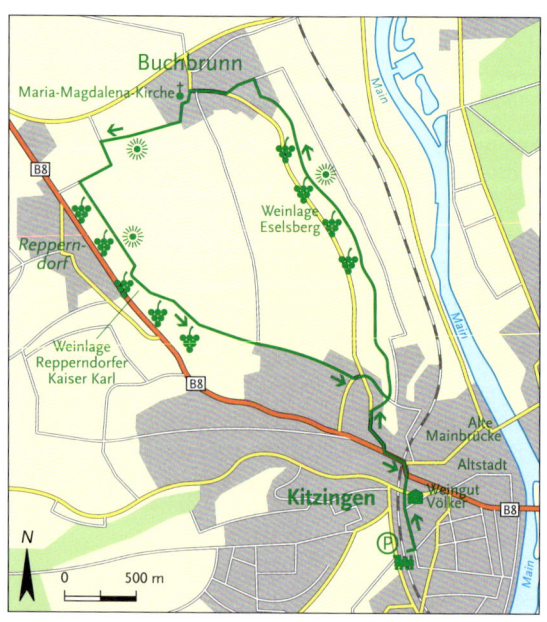

Eselsberg und Kaiser Karl

Der Narr weist den Weg zum Falterturm.

per Hand verlesen. Wie vorzüglich der von diesen Weinstöcken stammende Biowein mundet, werden wir später im *Weingut Völker* erfahren.

Aber nicht nur die Rebhänge erfreuen des Wanderers Gemüt. Linker Hand schweift der Blick ins Tal bis Buchbrunn, rechter Hand, auf der Höhe des Buchbrunnerbergs, bis zum Schwanberg und zu den Weinorten Iphofen, Rödelsee und Mainbernheim. Dann und wann kreisen über uns Raubvögel, in der Ferne drehen sich Windräder. Kurz vor Buchbrunn treffen wir auf eine Aussichtsterrasse mit Informationen über alte historische Rebsorten wie Weißer Gutedel, Heunisch oder Blauer Silvaner. Unmittelbar vor den ersten Häusern in Buchbrunn biegt unser Fußweg nach rechts ab und vereinigt sich mit dem Radweg, der von Kitzingen kommend nach Repperndorf führt. Der Ort, an dem sich heute Buchbrunn befindet, ist, wie aus einer Informationstafel hervorgeht, bereits in der Jungsteinzeit besiedelt worden. Die Gegend war Bestattungsplatz frühkeltischer Siedler der Hallstattkultur – gefunden wurden Brandgrubengräber sowie ein Körpergrab mit einem voll erhaltenen Skelett.

Über Repperndorf zur Weinlage Kaiser Karl

Wir orientieren uns zunächst an den Radwegmarkierungen und durchqueren Buchbrunn zuerst auf der Schulstraße, dann auf der Ringstraße – gerne mit einem kurzen Abstecher zur Maria-Magdalena-Kirche. Hinter Buchbrunn folgt eine leichte Steigung, und auf dem Höhenrücken kurz darauf freier Ausblick in alle Richtungen. Knapp hundert Meter vor Erreichen der Bundesstraße 8 zweigt rechts ein Fußweg zur Winzergemeinschaft Franken ab, wir biegen an dieser Stelle nach links ab, und zwar nicht auf dem geteerten Weg, sondern unmittelbar unterhalb der Hecken und damit oberhalb der Rebhänge Lage Repperndorfer Kaiser Karl. Unter uns liegt Repperndorf, und die Sicht ist ebenso faszinierend wie von der Lage Eselsberg aus. Erneut Rebhang an Rebhang, knapp zwei Kilometer lang, nur ein paar Mal unterbrochen von wahrscheinlich aufgegebenen Parzellen. Es ist so schön hier, dass man immer wieder stehen bleiben oder sich hinsetzen möchte, um diese herrliche Landschaft in Ruhe zu genießen.

Auf dem Weg zum Kitzinger Marktplatz

Am Ende der Lage Kaiser Karl erreichen wir auf dem geteerten Weg die Außenbezirke von Kitzingen und kommen zur Keltenstraße, von der aus wir nochmals einen Blick zum Eselsberg werfen können. Die Keltenstraße mündet in die Siegfried-Wilke-Straße, die wir bereits kennen und die uns zur Buchbrunner Straße und damit in die Altstadt bringt. Um sich vor einem Bummel durch Kitzingens Sehenswürdigkeiten angemessen zu stärken, empfiehlt es sich, durch die Bahnunterführung wieder zur Friedenstraße und dann links zum *Weingut Völker* in der Güterhallstraße zu gehen.

Die älteste Weinkellerei Kitzingens

Die Vorfahren des jetzigen Eigentümers Bernhard Völker stammen aus dem Spessart und kamen im 17. Jahrhundert nach Kitzingen, wo sie sogleich mit dem Weinanbau begannen und im Jahr 1750 Grundbesitz an der Lage Eselsberg erwarben. 1843, keine 100 Jahre später, wurde die Weinkellerei gegründet, zunächst in der Völkergasse, später aus Platzgründen in der Güterhallstraße. Verkostung und Kauf der Weine – es sind an die 50 Sorten nicht nur Kitzinger Eselsberg, sondern z. B. auch Rödelseer Küchenmeister und Sulzfelder Cyriakusberg – ist jederzeit möglich. Besonders die Eselsberger Weine, allesamt aus ökologischem Anbau, verdienen besondere Erwähnung. Nach vorheriger Anmeldung ist auch eine Besichtigung der Weinkellerei möglich, gleichfalls eine Weinprobe mit zünftiger Brotzeit, allerdings nur bei einer Teilnahme von mindestens 20 Personen. Ohne einen Besuch des Weinguts von Bernhard Völker bleibt der Rundgang zu den Lagen Eselsberg und Kaiser Karl einfach unvollendet.

Ein Aufenthalt in Kitzingen ohne Stadtbummel zum Marktplatz und zur alten Mainbrücke wäre ebenfalls unverzeihlich. Also nach dem Besuch des Weinguts auf der Güterhallstraße zum Falterturm, Kitzingens Wahrzeichen, und dann die Falterstraße und anschließend die Ritterstraße entlang, bis links die Herrnstraße abzweigt. Nach der Wanderung durch die Kitzinger Weinlagen wäre eine Einkehr in den *Bayerischen Hof* mehr als verdient, zumal in diesem exquisiten Restaurant auch Völkerwein vom Eselsberg ausgeschenkt wird.

Vom *Bayerischen Hof* ist es nicht weit zum Marktplatz mit dem wunderbaren Renaissance-Rathaus, an dessen Südostseite ein steinerner fränkischer Häcker mit Hacke und Weinkrug, dem Kandel, zu sehen ist. »Bist du in Kitzingen gewesen, musst du aus dem Kandel trinken«, so ein aus dem Mittelalter stammender Spruch. Bleibt zu hoffen, dass alle, die sich diesen Spruch zu Herzen genommen und dem Wein freudig zugesprochen haben, abschließend den Weg zurück zum Bahnhof mühelos finden werden.

Weinempfehlung

Angesichts des großen Angebots im *Weingut Völker* war es nicht leicht, sich für einen Wein zu entscheiden, denn es sind alles gute Tropfen. Meine Wahl fiel schließlich auf die trockene Domina Spätlese vom Kitzinger Eselsberg, 2012 vom Fränkischen Weinbauernverband mit der Bronzemedaille ausgezeichnet. Überzeugt hat mich dieser Biowein durch sein herzhaftes und wohliges Aroma, das so wunderbar zu einem kräftigen Braten passt.

Thilo Castner

Informationen:
Tourist-Information Kitzingen, Schrannenstr. 1, 97318 Kitzingen, Tel. 0 93 21/92 00 19, www.kitzingen.info
Weingut & Weinkellerei Bernhard Völker, Güterhallstr. 10, Tel. 0 93 21/41 94. Weinverkauf Mo–Fr 7.30–12.00 und 13.00–17.00, Sa 10.00–20.00, www.voelkerwein.de
Einkehrtipp:
Bayerischer Hof, Herrnstr. 2, Tel. 09321/14 40. Tägl. geöffnet, lediglich zwischen 14.00 und 17.30 ist das Restaurant geschlossen, www.bayerischerhof.info
Extras:
Kitzinger Weinfest am letzten WE im Jun.
Weinherbst am letzten Sa im Okt mit Wein, fränkischen Köstlichkeiten und Musik auf dem Hauptmarkt.
Der *Kitzinger Klosterkeller* in der Alten Poststraße ist einer der ältesten Weinkeller Deutschlands mit dem größten Weinfass Unterfrankens, Fassungsvermögen knapp 23.000 Liter. Besichtigung nach Anmeldung bei Thomas Schneider (Tel. 0 93 21/9 16 90) möglich.
Karte:
Fritsch Wanderkarte 1:50.000, Nr. 83, Landkreis Würzburg.

Schloss Crailsheim 11

Tour: Rundwanderung von Iphofen am Schwanberg nach Rödelsee und zurück.
Länge: Rund 10 km.
Dauer: Reine Gehzeit 2 ½ bis 3 Std.
Höhenunterschied: Gut 150 m.
Markierung: Von Iphofen zunächst mit i2 und grünem Dreieck bis zum Parkplatz oberhalb der Rebhänge, später mit R1 und R2 nach Rödelsee. Zurück nach Iphofen mit i1.
Familie: Für jede Altersstufe geeignet.
Anfahrt: *ÖPNV*: Mit dem Zug zum Bahnhof in Iphofen. *Kfz*: Auf der B 8 bis zu den Parkplätzen am Bahnhof.

Ein sagenumwobener Berg

Schon immer rankten sich um den Schwanberg bei Iphofen geheimnisvolle Legenden. In grauer Vorzeit sollen der Rossegöttin Svana Jungfrauen geopfert worden sein. Pippin der Kleine, Sohn Karl Martells und Vater Karls des Großen, so eine Legende, habe auf dem Schwanberg Hof gehalten und ruhe in einem silbernen Sarg im Inneren des Bergs. Kein Mythos dagegen ist die Existenz einer frühen keltischen Fliehburg mit mächtigem Wallring, und die auf dem Berg gefundenen Pfeilspitzen, Faustkeile, Bohrer und Schaber sind ein Beleg dafür, dass der Berg über Jahrtausende von Menschen bewohnt war. Heutzutage sind es jedoch nicht mehr Sagen und Legenden, die Jahr für Jahr unzählige Besucher an den Schwanberg locken, sondern die exquisiten Weine, die auf den Weinbergen zwischen Iphofen und Rödelsee gewonnen werden.

Vom Rödelseer Tor zum Schwanberg

Das eigentliche Ziel des heutigen Ausflugs ist der alte Weinort Rödelsee. Wir verlassen den Iphofer Bahnhof und erreichen auf dem Fußweg sowie anschließend über die Bahnhofstraße schnell die Innenstadt von Iphofen. Den einladenden Zehntkeller, die eindrucksvolle Spitalkirche am Julius-Echter-Platz und die anderen Sehenswürdigkeiten Iphofens sollte man sich besser für den Rückweg aufheben. Deshalb vom Julius-Echter-Platz schnurstracks rechts in die Maxstraße und anschließend gleich links in der Pfarrgasse zum Rödelseer Tor gehen.

Unsere ganze Aufmerksamkeit gilt nun dem Schwanberg, der in seiner behäbigen Breite vor uns liegt. Nach Durchschreiten des Rödelseer Tors ein kurzes Stück auf der Rödelseer Straße gehen und dann mit der Markierung i2 und dem grünen Dreieck rechts in den Schwanbergweg abbiegen. Hinter den letzten Häusern liegen die ersten Rebhänge. Nach einer Infotafel auf der linken Seite, die Auskunft über den geologischen Aufbau des Schwanbergs gibt, geht es einen geteerten Weinbergweg hinauf. Rechts und links des Wegs werden die hier heimisch gewordenen Rebsorten mit Bild und Text vorgestellt, und es lohnt sich durchaus, die Erklärungen in Ruhe zu lesen. Die Steigung nimmt stetig zu, und an dem Julius-Echter-Berg-Bildstock wäre es möglich, eine kleine Verschnaufpause einzulegen und den Blick schweifen zu lassen: Wir sind umgeben von Rebstöcken, so weit das Auge reicht. Im Süden erstreckt sich Iphofen, im Norden die steil aufragenden Flanken des Schwanbergs und über den Rebhängen ein dichter Waldgürtel.

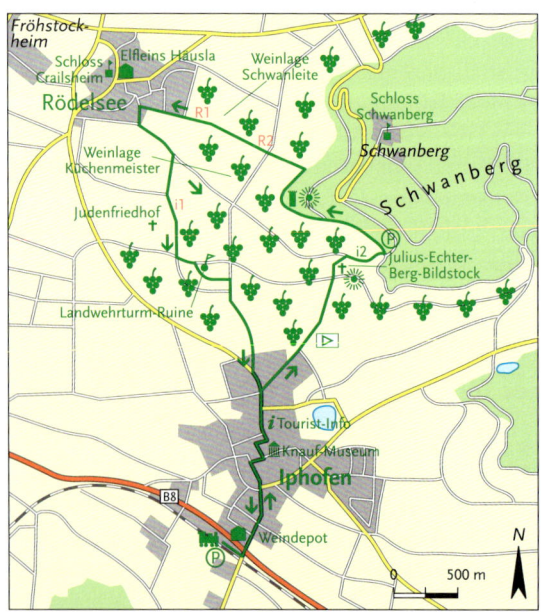

Mit den Markierungen grünes Dreieck und i2 geht es anschließend weiter, der Anstieg wird etwas beschwerlich. Eine weit ausladende Rechtsschleife bringt uns zu einem kleinen Parkplatz. Hier verlassen uns die bisherigen Markierungen. Rechter Hand weist der Weg zum Schloss Schwanberg. Wir halten uns ohne Markierung nach links und haben jetzt die schönste Strecke des Tages vor uns.

Die Aussicht ist einfach überwältigend, der Blick reicht über Willanzheim, Mainbernheim und Fröhstockheim bis Kitzingen. Hier, auf den extrem steilen Südhängen der Weinlage Julius-Echter-Berg, wächst, bedingt durch den tiefgründigen und mineralstoffhaltigen Gipskeuperboden, einer der besten fränkischen Weine. Vor kalten Nordwinden schützen die dichten Laubwälder oberhalb der Rebstöcke. Sie tragen dazu bei, dass im Sommer ein annähernd mediterranes Klima entsteht und eine vielfältige Tier- und Pflanzenwelt heimisch wurde.

Küchenmeister und Schwanleite

Nach einigen Hundert Metern, stets mit Blick auf dieses grandiose Panorama, erreichen wir einen beflaggten Aussichtsturm, der seit einigen Jahren eine Ausstellung über Wein-Terroirs beherbergt und mit Abbildungen und Hinweisen zu Weinanbauregionen in aller Welt aufwartet. Die Rebhänge unter uns gehören zum Rödelseer Küchenmeister, benannt nach einem Adelsgeschlecht, das im 14. Jahrhundert in Rödelsee Weinberge besaß. Beim Weitergehen verlieren wir beständig an Höhe und erreichen die Westflanke des Schwanbergs. Der Ort Rödelsee mit seinen beiden markanten Kirchtürmen liegt zum Greifen nahe. Wir biegen mit den Markierungen R1 und R2 nach links ab. Links von uns erstreckt sich die Weinlage Küchenmeister, rechts die Weinlage Rödelseer Schwanleite. Von der Schutzhütte aus sind es bis zur Ortsmitte von Rödelsee nur noch ein paar Minuten. Dort einfach von der Küchenmeisterstraße rechts in die Alte Iphofer Straße einbiegen und dann links in die Bachstraße gehen.

Rödelsees Sehenswürdigkeiten

Was gibt es in dem gut 1.000 Einwohner zählenden Ort Interessantes? Etwas Besonderes sind auf jeden Fall die beiden

Bartholomäuskirchen; insbesondere die im Markgrafenstil eingerichtete evangelische Kirche – Orgel, Kanzel und Altar in einer Linie – ist sehenswert. Beeindruckend sind auch der Ebracher Hof, das ehemalige, 1616 erbaute Zehnthaus, und das Castell'sche Amtshaus, jetzt Gasthof *Löwenhof*. Ein Besuch lohnt sich außerdem im »Elfleinshäusla«, einer Art Heimatmuseum, wo die einfachen Wohn- und Arbeitsverhältnisse von Rödelseer Handwerkern bis Mitte des 20. Jahrhunderts gezeigt werden.

Um Rödelsee wird seit Jahrhunderten Wein angebaut – mit den Rebhängen der Lage Schwanleite und Küchenmeister haben wir ja bereits Bekanntschaft gemacht. Wer die Vorzüglichkeit der von hier stammenden Rebsorten näher kennenlernen möchte, kommt nicht umhin, Schloss Crailsheim einen Besuch abzustatten. Das Gebäude mit seinen prächtigen Volutengiebeln und dem 50 mal 9 Meter großen Gewölbekeller war vor 500 Jahren im frühbarockem Stil erbaut worden. 1573 ging es in den Besitz der Familie von Crailsheim über. Anfang der

Der Marktplatz von Iphofen.

Auf dem jüdischen Friedhof bei Rödelsee sind über 2.000 Grabsteine erhalten.

1950er Jahre erwarben ansässige Winzer das Anwesen, und seitdem kann man hier kosten und kaufen, was die Rödelseer Weinbauern an Schoppen-, Kabinett- und Premiumweinen zu bieten haben – an die zwanzig Weinsorten stehen zur Auswahl. Viele der Winzer verfügen zwar nur über relativ kleine Rebhänge, bearbeiten ihr Terrain aber mit großer Hingabe. Die schweren, fetten Gipskeuperböden sind besonders für die Silvaner-Reben ideal, die hier überwiegend angebaut werden. Kellermeister Olaf Stintzing weiß alles über den Rödelseer Wein und plaudert gerne mit seinen Besuchern darüber. Zu einem Streifzug durch die Weinhänge am Westhang des Schwanbergs lässt sich der Ökowinzer und Gästeführer Walter Fuhrmann nicht lange bitten.

Über Rödelsee zurück nach Iphofen

Nach einer belebenden Weinverkostung im Schloss, eventuell ergänzt durch die Einkehr im *Löwenhof* oder in der *Winzerstube*, geht es dann zurück nach Iphofen. Über die Alte Iphofer Straße verlassen wir Rödelsee und folgen der Markierung 11. Bis zum Bahnhof in Iphofen sind es rund vier Kilometer, und die sind in gut einer Stunde leicht zu schaffen, zumal kaum

Steigungen auf uns warten. Schon bald ist von Weitem rechts der alte Rödelseer Judenfriedhof zu sehen. An die 2.500 Grabsteine sind erhalten, umringt von einer steinernen Mauer. In der Mitte des Friedhofs steht eine renovierte Taharahalle. Bis Anfang des 19. Jahrhunderts war jeder siebte Rödelseer mosaischen Glaubens, später nahm die Anzahl der Juden jedoch wieder ab, da viele nach Kitzingen abwanderten. Rödelsee hatte auch eine Synagoge, die nach dem Zweiten Weltkrieg allerdings zu einem Wohnhaus umgebaut worden ist. Auf halbem Weg stoßen wir dann auf die Reste eines Landwehrturms, von dem aus früher das Anrücken feindlicher Truppen rechtzeitig ausgemacht werden konnte. Schließlich sind wir wieder am Rödelseer Tor in Iphofen.

Wie anfangs bereits erwähnt, bleibt vor der Abfahrt vielleicht noch Zeit für einen kurzen Bummel durch die Altstadt Iphofens; beispielsweise könnte man zum Marktplatz und zur St. Veit-Kirche gehen, entlang der gut erhaltenen Stadtmauer schlendern oder das fantastische Knaufmuseum mit der einzigartigen Reliefsammlung großer Kulturen besuchen.

Weinempfehlung

Zunächst hatte ich in Schloss Crailsheim einen trockenen Riesling und einen trockenen Silvaner im Visier, beides Kabinettweine Lage Rödelseer Küchenmeister, habe mich dann aber doch für den 2011er Grauburgunder Kabinett Rödelseer Schwanleite entschieden. Ich war sehr angetan von der erfrischenden Säure und dem feinen, fruchtigen Aroma dieses in Franken relativ selten angebauten Weins.

Thilo Castner

Informationen:
Tourist Information Iphofen, Kirchplatz 7, 97346 Iphofen, Tel. 0 93 23/87 03 06, Fax 0 93 23/87 93 08, www.iphofen.de
Tourist-Information im Dorfladen »Rödelseer Markt«, Zehntgasse 1, 97348 Rödelsee, Tel. 0 93 23/8 97 13, Fax 0 93 23/50 58, www.roedelsee.de

GWF-Weingalerie Schloss Crailsheim, Schlossstr. 2, Tel. 0 93 23/34 16, Fax 0 93 23/87 05 85. Geöffnet Mai–Okt Mo–Fr 9.00–12.00 und 13.00–18.00, Sa 9.00–17.00 und So 13.00–17.00, Nov–Apr Mo–Fr 9.00–12.00 und 13.00–18.00, Sa 10.00–14.00, www.schloss-crailsheim.de

Elfleinshäusla, Kirchplatz 2. Kontakt über Gemeinde Rödelsee, Tel. 0 93 23/8 99 52, www.museen.de/elfleinshaeusla-roedelsee.html

Knauf-Museum Iphofen, Am Marktplatz 7, Tel. 0 93 23/3 15 28. Geöffnet Di–Sa 10.00–12.00 und 14.00–17.00, So 14.00–18.00. www.knauf-museum.de

Einkehrtipps:

Rödelseer Winzerstube, Wiesenbronner Str. 2, Tel. 0 93 23/52 22. Geöffnet Fr–Mo 11.30–14.00 und ab 17.00, Di und Do nur ab 17.00, Mi Ruhetag, www.winzerstube-schwanfelder.de

Restaurant *Der Löwenhof*, Kirchenplatz 14, Tel. 0 93 23/87 68 42. Geöffnet tägl. ab 12.00, So ab 10.00. Mo Ruhetag, www.der.loewenhof-roedelsee.de

Gasthof-Hotel *Goldene Krone*, Marktplatz 2, Tel. 0 93 23/8 72 40. Geöffnet tägl. 11.00–22.00, Di Ruhetag, www.gasthof-krone-iphofen.de

Extras:

Raritäten-Messe »Antikes – Kunst & Restauration« im Schloss Crailsheim Ende März.

»Rödelseer Frühling« am letzten Apr-WE.

»Schwandertag« – eine genussvolle Weinbergwanderung rund um den Schwanberg am 1. Mai.

Rödelseer Weinfest am 1. Jul-WE.

Rödelseer Bauern-, Handwerker- und Kunsthandwerkermarkt am 1. Okt.-WE.

Führungen durch Rödelsee und die angrenzenden Weinberge; Anmeldung bei Walter Fuhrmann, Tel. 0 93 23/87 69 00 oder 0 93 23/1 17 02 28 07 29.

Karte:

Wanderkarte der Stadt Iphofen 1:35.000 und Fritsch Wanderkarte 1:50.000, Nr. 67, Naturpark Steigerwald.

12 Großheubach

> **Tour:** Rundwanderung von Miltenberg über Kloster Engelberg nach Großheubach.
> **Länge:** Ca. 7 km.
> **Dauer:** Knapp 3 Std.
> **Höhenunterschied:** Rund 150 m.
> **Markierung:** Bis Großheubach blaues M, zurück nach Miltenberg auf dem Rotweinwanderweg.
> **Familie:** Geeignet nur für Personen, die Wandern über längere Strecken gewöhnt sind.
> **Besonderheit:** Wanderstöcke nicht vergessen.
> **Anfahrt:** *ÖPNV:* Mit der Bahn von Aschaffenburg oder Wertheim nach Miltenberg. *Kfz:* Auf der A 3 (Nürnberg-Aschaffenburg) bis Ausfahrt 66 (Wertheim/Lengfurth). Anschließend über Wertheim und Freudenberg zum Parkplatz am Miltenberger Bahnhof.

Malerisches Churfranken

Die Landschaft von Aschaffenburg bis Miltenberg, eingebettet in das liebliche Tal des Untermains zwischen den Ausläufern von Odenwald und Spessart, wird seit Kurzem als Churfranken bezeichnet – benannt nach den Kurmainzer Fürstbischöfen, die einstmals Herren dieser Region waren. Hier wächst, auf unzähligen Buntsandsteinterrassen, ein sonnenverwöhnter Wein, dessen Beschreibung in keinem Weinführer fehlen darf und dessen Verkostung deshalb auch das Ziel dieser Wanderung sein soll.

Über die Maria-Hilf-Kapelle zum Kloster Engelberg

Wir starten am Miltenberger Bahnhof und orientieren uns sogleich an der Markierung blaues M. Unterhalb der Bahngleise wechseln wir auf die andere Seite der Station und gehen anschließend rechts auf der Nikolaus-Fasel-Straße bis zur Maria-Hilf-Straße vor, in die wir nach links einbiegen. Nun gesellt sich auch der Fränkische Rotweinwanderweg dazu, der uns bis kurz vor die Maria-Hilf-Kapelle begleiten wird.

Weinkultur am Bischofsberg

Sobald die letzten Häuser hinter uns liegen und die Straßenbrücke passiert ist, führt uns der Fränkische Rotweinwanderweg in einer großen Rechtskehre zu den ersten Rebstöcken. In weiter Ferne thront links auf dem Bischofsberg Kloster Engelberg. Es folgt ein schmaler Waldgürtel, und kurz danach sind linker Hand bereits Rebhänge der Weinlage Großheubacher Bischofsberg zu sehen. Dann trennen sich die Markierungen – der Rotweinweg zweigt nach links ab, rechts führen uns mit der Markierung M steile Buntsandsteinstufen zur Maria-Hilf-Kapelle hinauf. Der Aufstieg ist beschwerlich, schließlich sind es Hunderte von teils hohen Stufen, die bezwungen werden müssen. Deshalb empfiehlt es sich, zwischendurch kurze Pausen einzulegen und die Kreuzwegstationen zu betrachten.

Das Kapellchen entstand vermutlich Ende des 17. Jahrhunderts und wurde wahrscheinlich von adeligen Damen gegründet, die in Großheubach einen Freihof besaßen. Unzählige Gläubige sind seitdem zum Beten hierhergekommen und haben an den Wänden Andenken hinterlassen. Verwaltet und unterhalten wird die Kapelle vom Kloster Engelberg.

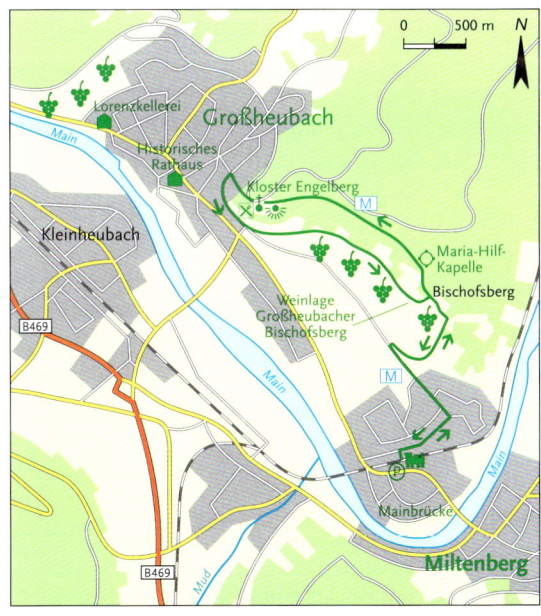

Immer wieder fotografert: der Miltenberger Marktplatz.

Bis zum Kloster ist es noch etwas mehr als ein Kilometer, zum Glück ohne weitere Steigungen. Die Aussicht von den Klostermauern ist grandios, man blickt auf den Main, Groß- und Kleinheubach, auf Miltenberg und sogar bis zum Odenwald. Die Gründung des Klosters soll um 1300 in der Nähe einer heidnischen Kultstätte erfolgt sein. Anfangs stand dort lediglich eine einfache Holzkapelle, die dem Erzengel Michael, dem Kämpfer gegen heidnische Götter, gewidmet war. Als später eine Marienstatue dazukam, wurde die Kapelle zum Wallfahrtsort, was 1630 schließlich den Mainzer Erzbischof und Kurfürst Anselm von Wambold veranlasste, für die Kapuziner auf dem Engelberg ein Kloster zu gründen. 1828 übernahmen auf Anordnung von König Ludwig I. die Franziskaner das Kloster und sind bis heute geblieben.

Weinort Großheubach

Vor dem Abstieg nach Großheubach lohnt ein Blick in die Klosterkirche mit ihren schönen Altären. Neben der Antoniuskapelle befindet sich die Gruft der Löwenstein'schen Familie, deren von Johann Dientzenhofer gebautes Schloss in Kleinheubach einen Abstecher wert ist. Erschöpfte Besucher können sich in der *Klosterschänke* erholen und im Klosterladen Andachtsgegenstände einkaufen. Gartenliebhabern wird der idyllisch angelegte Franziskaner-Garten gefallen.

Nun aber, und zwar langsam und behutsam, denn Geländer fehlen, die über 612 extrem steilen Buntsandsteinstufen, Engelsstaffeln genannt, hinunter. Im Anschluss führt der Engelbergweg ins Zentrum von Großheuberg. Das historische Rathaus in der Hauptstraße, 1611/12 als altfränkisches Fachwerkhaus errichtet, gilt als eines der schönsten Bauwerke der Region. Faszinierend sind auch das Abendanz'sche Haus in der Kirchgasse und die Pfarrkirche St. Peter, die ursprünglich als Wehrkirche mit Wehrmauer angelegt wurde. Um zu überprüfen, ob die Weine von den Rebhängen der Lage Großheubacher Bischofsberg wirklich so gut sind, wie oft behauptet wird, brechen wir jetzt zu einer Weinverkostung in der *Lorenzkellerei* des *Weinguts Straub* auf.

Weinanbau seit 220 Jahren

Das Weingut, 1795 durch den Küfer und Winzer Jakob Lorenz Straub aus der Taufe gehoben, besteht inzwischen seit über zwei Jahrhunderten. Lothar Straub, Diplom-Ingenieur in Sachen Weinbau und Önologie, übernahm nach dem Studium und der Ausbildung zum Weinküfer 1997 den elterlichen Betrieb in der siebten Generation. Bewirtschaftet werden zurzeit 6,5 Hektar auf den Großheubacher Weinlagen. Die Arbeiten auf den steilen Terrassen verlangen großen körperlichen Einsatz. Maschinen werden so gut wie nicht verwendet – Rebschnitt, Anbinden der Reben und Weinlese erfolgen per Hand. Gedüngt wird vorwiegend mit Trester, Stallmist und Komposterde. Der Kampf gegen Pilzbefall ist ohne Einsatz von Fungiziden nicht möglich, doch wird nur gespritzt, wenn es unbedingt nötig ist.

Burgundertrauben lieben Buntsandsteinböden und finden hier beste Voraussetzungen für perfekte Trauben und exquisite Weine. Entsprechend stammen von den Großheubacher Weinbergen in erster Linie Rotweine. Die Trockenmauern an den Steilhängen verhindern nicht nur das schnelle Abfließen des

Regenwassers, sondern speichern an Sonnentagen die Wärme bis weit in die Nacht. Das so entstehende Kleinklima liegt bis zu 1,5 Grad über den lokalen Durchschnittstemperaturen.

Auch im *Weingut Straub* dominieren Rotweine. Neben Spät- und Frühburgunder sind auf der Weinliste Dornfelder, Merlot und Saint Laurent in Literflaschen und Bocksbeuteln zu finden. Natürlich fehlen auch die für Franken traditionellen Weißweine wie Riesling, Silvaner, Müller-Thurgau, Weißburgunder und Bacchus nicht, und sogar den seltenen Blanc de Noir, einen aus roten Trauben gekelterten Weißwein, hat das umfangreiche Sortiment zu bieten. Für junge und jung gebliebene Weinfreunde werden zusätzlich vier leichte Cuvées angeboten. Lothar Straub kredenzt seine Spitzenerzeugnisse mit Glasverschluss und nimmt jederzeit leere Flaschen zurück, die nach längerer Prozedur in der modernen Waschanlage wieder verwendet werden. Für Weinverkostung und Weinprobe steht die *Küferstube* bereit, und in der Vinothek des Hauses wird dem Besucher in anheimelnder Atmosphäre die volle Palette an Wein, Sekt und Spirituosen präsentiert. Wer hier nicht zugreift, ist selber schuld.

Zurück auf dem Rotweinwanderweg

War die Route von Miltenberg nach Großheubach mit einigen Strapazen verbunden, so kann der Rückweg auf dem Fränkischen Rotweinwanderweg zum reinen Vergnügen werden, denn hier sind keinerlei Steigungen mehr zu erwarten. Wir gehen vom Ortszentrum mit dem Rotweinzeichen Richtung Kloster Engelberg und biegen, bevor die 612 Stufen beginnen, mit der Rotwein-Markierung nach rechts ab. Was nun folgt, ist sicherlich der schönste Teil der Wanderung.

Linker Hand der Bischofsberg und unzählige Terrassen, geschützt durch trutzige Trockenmauern aus Buntsandstein, rechts die sanft ins Maintal abfallenden Rebhänge. Hin und wieder kleine Weinberghäuschen, ein Bildstock, eine Ruhebank und etwas später Informationen über die Funktion der Trockenmauern, über die Arbeiten des Winzers, über das besondere Klima auf den hiesigen Weinbergen und die Vielfalt der Tier- und Pflanzenarten. Man muss nicht alles bis ins kleinste Detail studieren, dennoch lohnt es sich gelegentlich, einen Blick auf die Erläuterungen zu werfen, um die Einma-

Weinkultur am Bischofsberg

ligkeit der Weinlage in all ihren Facetten schätzen zu können.

Nach etwa 30 Minuten zweigt der Rotweinwanderweg nach links ab und verbindet sich unterhalb der Maria-Hilf-Kapelle mit der Markierung blaues M. Die Strecke zum Miltenberger Bahnhof haben wir ja bereits kennengelernt.

Abschluss in Miltenberg

Wer noch über Kraftreserven verfügt, wird sicher gerne einen Bummel durch eines der schönsten mainfränkischen Städtchen machen wollen. Deshalb geht es also vom Bahnhof mit dem Auto zu einem der Parkplätze an der alten Mainbrücke in Miltenberg oder zu Fuß über die Brückenstraße in den historischen Stadtkern. Wer es besonders gründlich machen will, holt sich im Miltenberger Rathaus am Engelplatz einen Stadtplan und stellt sich einen persönlichen Rundgang zusammen. Am eindrucksvollsten ist es wohl, die Hauptstraße vom Würzburger Tor bis zum Marktplatz entlangzuschlendern. Allein schon die prächtigen Fachwerkhäuser mit ihren hohen Giebeln sind ein Erlebnis. Höhepunkt ist dann der Marktplatz mit dem Marktbrunnen und der ehemaligen Stadtgrenze, dem Regenwassergraben Schnatterloch, der eine der meist fotografierten Sehenswürdigkeiten Frankens ist. Der Aufstieg durch den

Blick auf das im Maintal gelegene Miltenberg mit der St.-Jakobus-Kirche im Vordergrund

Renaissance-Torbogen zur Miltenburg wäre vielleicht zu viel verlangt, würde aber mit einem herrlichen Ausblick über die Dächer der historischen Altstadt ins Maintal reichlich belohnt werden.

Weinempfehlung

Der Spätburgunder, vor allem der auf den Buntsandsteinböden in Churfranken gewonnene Wein, gilt als einer der besten fränkischen Rotweine. So fiel denn meine Wahl im *Weingut Straub* **wie von selbst auf die trockene Spätburgunder-Spätlese, einen zwölf Monate im Barrique gereiften, dichten Rotwein mit samtigem Geschmack, der, einmal genossen, auf baldige Wiederholung drängt – Freude pur für Zunge und Gaumen!**

Thilo Castner

Informationen:
Heimat- und Verkehrsverein Großheubach, Kirchstr. 5, 63920 Großheubach, Tel./Fax 0 93 71/6 50 04 70, www.info-grossheubach.de
Lorenzkellerei, Lothar Straub, Röllfelder Str. 20, 63920 Großheubach, Tel. 0 93 71/32 04, Fax 0 93 71/32 00. Weinverkauf und Weinverkostung Mo–Fr 09.00–20.00, Sa 09.00–14.00. So/Fei Ruhetag. Als Häckerwirtschaft geöffnet Ende März bis Mitte Apr, Anfang Jun bis Mitte Jul und Ende Okt bis Anfang Nov, www.lorenzkellerei.de
Tourismusgemeinschaft Miltenberg Bürgstadt Kleinheubach, Engelplatz 69, Rathaus, 63897 Miltenberg, Tel. 0 93 71/40 41 19, Fax 0 93 71/9 48 89 44, www.miltenberg.de
Museum.Stadt.Miltenberg, Hauptstr. 169–175, Tel. 0 93 71/66 85 04, Fax 0 93 71/6 69 86 18. Geöffnet Apr–Okt Di–So 10.00–17.30, Nov–Jan Mi–So 11.00–16.00. Feb–März geschlossen, www.museen-miltenberg.de
Museum.Burg.Miltenberg, Tel. 0 93 71/66 85 04, Fax 0 93 71/6 69 86 18 Geöffnet Mai–Okt Di–Fr 13.00–17.30, WE 11.00–17.30, www.museen-miltenberg.de

Einkehrtipps:
Klosterschänke im Kloster Engelberg, Engelberg 1, Tel. 0 93 71/9 48 94 20. Geöffnet 10.00–20.00, Dez–März nur bis 18.00, Mo Ruhetag, www.kloster-engelberg.de
Gasthaus/Hotel *Zur Krone*, Miltenberger Str. 1, 63920 Großheubach, Tel. 0 93 71/26 63. Warme Küche Di–Do, WE 11.00–14.00 und 17.00–21.30, Fr 17.00–21.30, Mo Ruhetag, www.gasthauskrone.de
Weingut-Gasthaus *Zur Bretzel*, Kirchstr. 1, Tel. 0 93 71/28 24, Fax 0 93 71/66 07 44. Geöffnet Mi–Sa ab 16.00, So/Fei ab 10.00 durchgehend, Mo/Di Ruhetag, www.weingut-bretzel.de
Gasthaus *Zum Riesen*, Hauptstr. 99, 63897 Miltenberg, Tel. 0 93 71/98 99 48, Fax 0 93 71/98 94 50. Geöffnet Mo–Mi 11.00–24.00, Do–Sa 11.00–01.00 und So 11.00–23.00, www.riesen-miltenberg.de

Extras:
Großheubacher Weinwanderung am 2. WE im Sep. Einige Winzer bieten am Weinlehrpfad ihre Weine und einige Kleinigkeiten zum Essen an.
Zahlreiche Häckerwirtschaften in Großheubach laden ganzjährig zu Wein und deftiger Brotzeit ein.

Karten:
Topographische Freizeitkarte Klingenberg/Mönchberg 1:25.000 und Fritsch Wanderkarte 1:50.000, Nr. 99, Naturpark Spessart, Blatt Süd.

13 Sommerhausen

> **Tour:** Auf dem Wein-Kultur-Weg zur Lage Reifenstein.
> **Länge:** Gut 3 km.
> **Dauer:** Reine Gehzeit etwa 1½ Std.
> **Höhenunterschied:** Rund 70 m.
> **Markierung:** Durchgehend die Markierung Schnecke auf grünem Grund.
> **Familie:** Die Strecke ist trotz des anfangs steilen Aufstiegs auch für Kinder kein Problem.
> **Saison:** Ganzjährig möglich. Besonders reizvoll während der Weinlese.
> **Anfahrt:** *ÖPNV:* Mit dem Zug nach Würzburg, von dort mit der Regionalbahn nach Winterhausen. Anschließend zu Fuß nach Sommerhausen. *Kfz:* Auf der A 3 bis Ausfahrt Würzburg/Randersacker, anschließend weiter über die B 13 über Eibelstadt nach Sommerhausen. Parken ist nur außerhalb der Altstadt auf den gekennzeichneten Plätzen erlaubt.

Zur Geschichte von Sommerhausen

Der Ort liegt 13 Kilometer südlich von Würzburg und harmonisch eingebettet ins Tal des Mains, umgeben von berühmten Weinlagen. Bereits im Mittelalter bestand hier eine bedeutende Gemeinde, deren Einwohner den lutherischen Glauben angenommen hatten. So ist Sommerhausen bis heute so etwas wie eine evangelische Enklave im vorwiegend katholischen Mainfranken. Ursprünglich hieß der Ort allerdings Ahausen und war mit Winterhausen auf der anderen Mainseite vereint. Als es zur Trennung kam, wurden die Geburtstage der jeweiligen Kirchenpatrone zum Namensgeber: Der Sommerhäuser Patron Bartholomäus erblickte das Licht der Welt im Sommer, der Winterhäuser Patron Nikolaus dagegen im Winter.

Das Faszinierende an Sommerhausen ist, dass sich das Städtchen während der letzten Jahrhunderte kaum verändert hat. Die Stadtmauer mit Türmen und Toren ist nahezu komplett erhalten, in den engen und verwinkelten Gassen ist fast kein Durchkommen, aber gerade das macht den Charme dieser Stadt aus, deren Einwohner es zudem verstanden haben, nicht nur Spitzenweine zu kreieren, sondern auch ein vielfältiges Kulturleben zu entwickeln, wie wir gleich auf unserem Rundkurs feststellen werden.

Der Wein-Kultur-Weg

Wir starten am Rathaus und orientieren uns fortan ausschließlich an der grün unterlegten Schnecke. Die Rathausgasse entlanggehen, vorbei am Roten Turm und kurz darauf rechts durch die Mauerlücke am Flurersturm den Berg hinauf. Es ist ein steiler Anstieg auf vielen Treppen, der uns einiges abverlangt. Immerhin rund 70 Höhenmeter müssen überwunden werden, aber zum Ausgleich geht es danach ja nur noch abwärts. Oben angekommen erwartet uns das meterhohe Flurdenkmal *Schnecke* aus Muschelkalk, einem Material, das zum Bau vieler Häuser und Mauern in Sommerhausen verwendet wurde.

Wir stehen jetzt oberhalb der Weinlage Reifenstein, neben den Lagen Ölspiel und Steinbach das wichtigste Weinanbaugebiet der hier ansässigen Winzer. Der Blick reicht weit in das

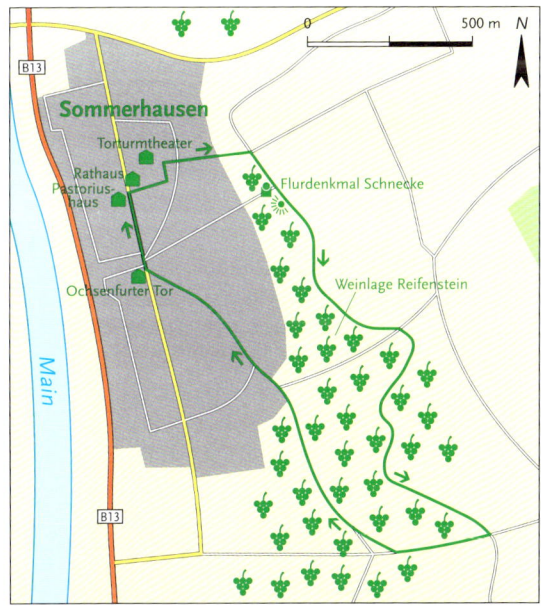

Maintal mit Sommer- und Winterhausen, in der Ferne ist auch Eibelstadt auszumachen. Wir ruhen uns auf den Bänken neben dem Flurdenkmal aus und genießen das schöne Panorama.

Anschließend geht es weiter auf dem Wein-Kultur-Weg, begleitet von insgesamt 13 Schautafeln, die nicht nur über den Weinbau, sondern auch über Sommerhausen und die zahlreichen Künstler und verdienten Persönlichkeiten informieren, die hier gelebt haben: Dazu zählen u. a. Luigi Malipiero, der Begründer und Leiter des Torturmtheaters, sein Nachfolger, Maler und Theatermacher Veit Relin, der Pietist und Begründer von Germantown in den USA Franz Daniel Pastorius und der Pfarrer Karl Heinrich Caspari, Verfasser des ergreifenden Romans *Der Schulmeister und sein Sohn*. Durch den Besuch und die Anwesenheit weiterer Künstler, Musiker und Schauspieler ist Sommerhausen zu einem kulturellen Eldorado mit zahlreichen Galerien, Ateliers, Antiquariaten und Geschäften geworden – und das bei nur knapp 1.700 Einwohnern.

Die Rebhänge ziehen sich dahin, soweit das Auge reicht. Auf halber Strecke, kurz bevor die Markierung uns in einer großen Schleife wieder in die Stadt bringt, stoßen wir auf einen Rebsortenpfad. Hier ist von den wichtigsten Weinsorten je ein Rebstock angelegt worden, und zur Zeit der Weinlese kann man

Sommerhausen und Winterhausen

die Trauben probieren und so feststellen, wie unterschiedlich die einzelnen Sorten schmecken. Auf einer der Schautafeln ist zu lesen, dass es weltweit 10.000 bis 20.000 Rebsorten gibt, von denen allerdings nur 500 wirtschaftlich bedeutend sind. In Deutschland werden 100 verschiedene Sorten angebaut.

»Aushängeschild der fränkischen Romantik«

Der Wein-Kultur-Weg führt über den Muschelweg zum Ochsenfurter Tor, wodurch sich die Gelegenheit bietet, die Altstadt etwas genauer anzuschauen. Lohnend wäre da zunächst ein Bummel vom Ochsenfurter Tor auf der Hauptstraße, vorbei an Schloss, Rathaus und Bartholomäuskirche, zum Würzburger Tor mit dem dort untergebrachten Torturmtheater, dem kleinsten und intimsten seiner Art in Deutschland. Der aus Triest stammende Luigi Malipoero war 1946 nach Sommerhausen gekommen und hatte seine Wohnung im Würzburger Tor zu einem Theaterraum mit 50 Plätzen umgebaut. Gespielt wird seitdem fast das ganze Jahr über, und alle Aufführungen sind so gut wie immer ausverkauft.

Unverzichtbar wäre außerdem ein Gang entlang der Stadtmauer vom Würzburger Tor zum Blauen, zum Roten und Rumorknechts Turm. Danach geht es weiter zum Maintor, an dem zahlreiche Markierungen die spektakulärsten Hochwasserstände der Vergangenheit anzeigen, und zur ehemaligen Frauenkirche, die jetzt der Wohnsitz von Veit Relin ist. Kunstbeflissene werden sich wohl keinesfalls einen Besuch der Schlossgalerie und der Kunstschmiede im Roten Turm entgehen lassen. Auf große und kleine Kunstwerke, Ornamente und Figuren an Hausfassaden, an Mauern und in Gärten stößt man in Sommerhausen auf Schritt und Tritt. Nicht ohne Grund heißt es von der Stadt, sie sei das »Aushängeschild der fränkischen Romantik«.

Für eine Weinprobe oder Weinverkostung stehen zahllose Winzerhöfe und Gaststätten zur Verfügung, so auch das *Weingut Artur Steinmann* im Pastoriushaus. Dies ist das Geburtshaus des schon erwähnten Franz Daniel Pastorius, der 1651 hier geboren wurde und als einer der ersten Deutschen nach Amerika auswanderte, wo durch seine Initiative 1683 Germantown (heute Stadtteil von Philadelphia) entstand. 1916 gründete Großvater Karl das *Weingut Steinmann*, das unter seinem Enkel

Die Weintrauben warten darauf, geerntet und zu leckerem Wein gekeltert zu werden.

Artur zu einem der renommiertesten Güter in Sommerhausen mit Weinen der Lagen Ölfeld, Reifenstein und Steinbach wurde. Weinkauf und Weinverkostung sind hier jederzeit während der Öffnungszeiten und nach Absprache möglich.

Weinempfehlung

Angesichts des reichhaltigen Angebots von Steinmann-Weinen fällt es schwer, sich zu entscheiden. Die Wahl fiel letztlich auf die trockene Riesling Spätlese, Lage Sommerhäuser Steinbach, ein fruchtiger und vollmundiger Wein, in dem sich Säure und Süße aufs Angenehmste die Waage halten.

Thilo Castner

Informationen:
Verkehrsbüro Sommerhausen, Tourist-Information, Hauptstr. 15, 97286 Sommerhausen, Tel./Fax 0 93 33/ 82 56, www.sommerhausen.de
Torturmtheater Sommerhausen, Vorstellungen Di–Fr um 20.00, Sa 16.30 und 19.00. Vorbestellungen Di–Sa ab 16.00 unter Tel. 0 93 33/2 68 oder unter kartenbestellung@torturmtheater.de, Spielplan und weitere Informationen unter www.torturmtheater.de
Weingut Artur Steinmann, Plan 4, Tel. 0 93 33/9 04 60, Fax 0 93 33/90 46 27. Weinverkauf und -verkostung Mo–Sa 8.00–12.00 und 13.00–18.00, So 9.00–12.00, www.artur-steinmann.de

Einkehrtipp:
Hotel & Restaurant *Ritter Jörg*, Maingasse 14, Tel. 0 93 33/ 9 73 00. Geöffnet durchgehend Mi–Fr ab 17.00, WE/ Fei ab 11.00, Mo und Di Ruhetag, www.ritter-joerg.de
Weinhaus Düll, Maingasse 5, Tel. 0 93 33/2 20, Fax 0 93 33/82 08. Geöffnet im Sommerhalbjahr Mo–Fr 17.00–22.00, Sa/Fei 11.30–14.00, 17.00–24.00, So 11.30–22.00 und im Winterhalbjahr auf Anfrage, www.weinhaus-duell.de

Extras:
2. Jul-WE »Sommerhäuser Hofkonzerte« im *Weingut Artur Steinmann*.
Stimmungsvolle Weinfeste Anfang Jun und Anfang Aug.
Mitte Sep Töpfermarkt.
Weihnachtsmarkt an allen Adventswochenenden in Galerien, Kellern und Höfen.
Führungen mit dem »Rumorknecht« jeden Sa um 10.00 von Mai–Sep oder per Anmeldung über das Verkehrsbüro.

Karte:
Fritsch Wanderkarte 1:50.000, Nr. 83, Landkreis Würzburg.

14 Iphofen

> **Tour:** Rundgang von Iphofen über Markt Einersheim zum Kalbberg.
> **Länge:** Ungefähr 10 km.
> **Dauer:** Reine Gehzeit gut 3 Std.
> **Höhenunterschied:** Ca. 150 m.
> **Markierung:** Zunächst mit dem Kirchenburgweg-Zeichen Richtung Markt Einersheim. Von dort weiter mit dem Steigerwald-Panoramaweg-Zeichen. Anschließend mit E2 und kurz mit i4. Zum Schluss wieder mit i2 und dem Steigerwald-Panoramaweg-Zeichen.
> **Familie:** Die Strecke ist lang und teilweise anstrengend, darum nur für Kinder mit guter Kondition geeignet.
> **Anfahrt:** *ÖPNV:* Mit dem Zug zum Bahnhof Iphofen. *Kfz:* Auf der B 8 zum Iphofer Bahnhof. Dort parken.

Der Weinanbau an den Flanken des Schwanbergs begann bereits vor 1.200 Jahren, ausgelöst durch eine Urkunde Karls des Großen. Von den Weinlagen Julius-Echter-Berg, Kronsberg, Kalb und Domherr bei Iphofen stammen etliche der besten fränkischen Weine, bedingt durch die mineralhaltigen schweren Keuperböden, begünstigt durch die nach Süden ausgerichteten Steilhänge und nicht zuletzt geschaffen mit dem von Generation zu Generation weitergegebenen und perfektionierten Fachwissen der Winzer. Kein Zufall also, dass eine Riesling Auslese des Jahrgangs 1950 zum Krönungswein anlässlich der Inthronisation der englischen Königin Elisabeth II. wurde. Und auch der Patriarch von Istanbul, Anthenagoras, wusste die Vorzüglichkeit des Frankenweins von Iphofen wiederholt zu schätzen. Wir können uns also auf einen Rundgang mit besonders schönen Eindrücken einstellen.

Zunächst nach Markt Einersheim

Von Iphofens Bahnhof bis Markt Einersheim sind es knapp drei Kilometer. Wir orientieren uns nach rechts, schließen uns kurz darauf der Markierung Kirchenburgweg an und halten uns hinter der Bahnunterführung links. Neben uns verläuft der

Weinoase zwischen Aschenberg und Kalbberg

Bahndamm, dahinter sind die Mauern und Türme von Iphofen zu sehen, in weiter Ferne der Schwanberg. Nach einiger Zeit zweigt die Kirchenburg-Markierung nach rechts ab, wir folgen ihr aber nicht, sondern gehen auf dem Main-Steigerwald-Radweg (MSt) zügig weiter geradeaus. Die Straße, eine Obstbaumallee, ist kaum befahren. Nach gut einer halben Stunde überqueren wir die Eisenbahnbrücke und sind schon in Einersheim. Der Ort ist 1023 erstmals urkundlich erwähnt worden, erhielt 1547 das Marktrecht und zählt derzeit rund 1.250 Einwohner.

Auf der Bahnhofstraße kommen wir zum Würzburger Tor, das im 14. Jahrhundert errichtet wurde und in dem jetzt das Heimatmuseum untergebracht ist. Linker Hand liegt das Grafenschloss derer von Limpurg-Speckfeld mit schönem Barockgarten. Kurz darauf erreichen wir den idyllischen Marktplatz und damit das Rathaus, einen prächtigen Fachwerkbau mit dem Wappen der bayerischen Landesherrschaft. Hinter dem Rathaus steht die evangelische St. Matthäuskirche mit welscher Haube auf dem Glockenturm. Ein Blick in die schlicht, aber geschmackvoll eingerichtete Kirche lohnt sich. Anschlie-

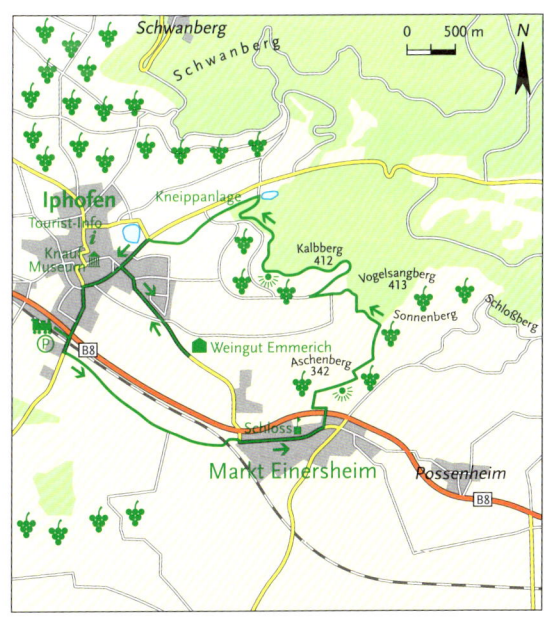

ßend weiter, vorbei am über 300 Jahre alten Gasthof *Rotes Ross*, zum Nürnberger Tor, das wie sein Pendant im Westen aus dem 14. Jahrhundert stammt und jetzt das Gemeindearchiv beherbergt.

Aschenberg und Kalbberg

Unmittelbar hinter dem Nürnberger Tor zweigt links ein schmaler Fußweg ab, markiert als E3 und als Steigerwald-Panoramaweg. Wir folgen dieser Spur, überqueren kurz darauf die B 8, orientieren uns anschließend nach links und dann nach rechts, geleitet von den zwei genannten Markierungen. Vor uns liegt der 342 Meter hohe Aschenberg, gen Süden mit Weinhängen bepflanzt. Im Westen ist Iphofen zu erkennen, dahinter die Rauchfahnen der Knauf'schen Gipsfabrik. Wir erklimmen den Aschenberg und haben einen einmaligen Ausblick über die Weinhänge nach Einersheim und das weiter östlich gelegene Possenheim. Im Nordosten erheben sich die kegelförmigen Anhöhen des Vogelgesangbergs und des Schlossbergs mit der Ruine Speckfeld. E3 und später auch der Steigerwald-Panoramaweg zweigen nach rechts ab, wir jedoch gehen mit der Markierung E2 beständig geradeaus weiter. Die uns umgebenden Rebhänge unterhalb des Vogelgesangbergs gehören zur Lage Sonnenberg. Es folgt eine längere Partie bergauf durch den Wald, bis wir – E3 biegt nach rechts ab – auf die Markierung i4 stoßen, der wir uns ein kurzes Stück des Weges anvertrauen. Beim Erreichen der breiten Weinbergstraße geht es dann aber nicht mit i4 rechts auf den Kalbbergweg weiter, sondern links

Auch im Herbst ein wunderschöner Anblick: die Weinberge rund um Iphofen.

und nach wenigen Metern rechts, hinein in die dicht gestaffelten Rebhänge der Lage Kalb.

Der 412 Meter hohe Kalbberg verdankt seinen derzeitigen Namen der sprachlichen Zusammenlegung der Wörter »kahl« und »Berg«, was Rückschlüsse auf sein ursprüngliches Erscheinungsbild zulässt. Inzwischen sind die Anhöhen des Kalbbergs allerdings durchgehend bewaldet und bieten den darunter liegenden Rebstöcken Schutz gegen kalte Nord- und Ostwinde. Die Rebhänge sind hier teilweise so extrem steil, dass der Einsatz von modernen Erntemaschinen nicht infrage kommt. Trotzdem finden sich hier Weinstöcke, so weit das Auge reicht. Wir genießen die betörend schöne Aussicht und legen am Flurbereinigungsdenkmal von 1977, einem stattlichen Kreuz, eine kurze Erholungspause ein.

Altstadtbummel oder Winzerhof

Inzwischen sind wir wieder auf der Markierung i4 unterwegs, und wenig später befinden wir uns auch erneut auf dem Steigerwald-Panoramaweg. Wir verlieren nun rasch an Höhe, durchqueren ein Wäldchen und biegen mit der Panoramaweg- und i2-Markierung scharf nach links Richtung Iphofen ab. Rechter Hand befindet sich dann zunächst ein Freizeitgelände, linker Hand eine Kneippanlage. Schließlich ist die Birklinger Straße erreicht. Vor uns liegt nun die Altstadt zum Greifen nahe. Wenig später kreuzt die Einersheimer Straße unseren Weg. Wer sich jetzt an den Sehenswürdigkeiten Iphofens ergötzen und in einem der gediegenen Wirtshäuser einkehren möchte, biegt rechts ab und ist nach dem Einersheimer Tor bereits in der Altstadt. Passionierte Weintrinker werden dagegen den Besuch in einem renommierten Weingut vorziehen und gehen auf der Einersheimer Straße nach links, bis sie nach knapp zehn Minuten den *Winzerhof Emmerich* erreichen.

Ein Weingut vom Feinsten

Werner Emmerich ist Winzer aus Leidenschaft und betreibt den Weinanbau in der fünften Generation. Wichtig ist ihm, dass der Anbau naturnah und umweltschonend erfolgt. Die modernen Erntemaschinen kommen deshalb nur selten zum Einsatz. Die Böden zwischen den Rebstöcken werden alle paar

Weinoase zwischen Aschenberg und Kalbberg

Das barocke Rathaus in Iphofen diente einst dazu, die Macht des Fürstbischofs zu demonstrieren.

Jahre mit Humus und Komposterde verbessert, gespritzt wird nur das Nötigste. So wird das komplexe Ökosystem der Weinberge geschont und bleibt für die kommenden Generationen besser erhalten. Im Keller wird dem Wein viel Zeit zum Reifen gelassen, denn Werner Emmerich ist nicht erpicht auf schnellen Erfolg, sondern auf Spitzenqualität. Vor März oder April wird daher kein Rebensaft abgefüllt.

Auf den vier Iphöfer Lagen sowie auf dem Hohenbühl bei Seinsheim bewirtschaftet Familie Emmerich insgesamt neun Hektar. Neben leichten, unkomplizierten Orts- oder Gutsweinen stehen mehrheitlich klassische Lagenweine sowie exquisite Spitzenweine im Angebot, wobei Letztere stets Beerenauslesen sind. Im Laufe der Jahre hat der Fränkische Weinbauverband verschiedene Emmerich-Weine mit dem Prädikat »Best of Gold« ausgezeichnet, und Besucher des Hauses haben natürlich ausgiebig Gelegenheit, die sieben Weißwein- (Silvaner, Müller-Thurgau, Bacchus, Scheurebe, Kerner, Riesling, Gewürztraminer) und drei Rotweinsorten (Domina, Portugieser,

Merlot) unbeschwert zu verkosten. Bei vorheriger Anmeldung sind auch Führungen durch Weinkeller und Weinberge möglich. Außerdem kann man im Winzerhof übernachten und sich dann am nächsten Morgen ein vielseitiges Frühstücksbuffet mit regionalen Spezialitäten munden lassen.

Auch nach der Einkehr im Winzerhof gehört ein Spaziergang durch Iphofens historische Altstadt einfach dazu. Höhepunkte wären beispielsweise die vollständig erhaltene Stadtmauer mit ihren sieben Türmen und drei Toren, der Marktplatz mit dem barocken Rathaus, die Spitalkirche, die Kapitelskellerei, das Rentamt, der Zehntkeller und viele malerische Fachwerkhäuser. Vielleicht ist sogar noch Zeit für einen Abstecher in das großartige Knauf-Museum mit seinen einmaligen Repliken großer Meisterwerke aus Persien, Mesopotamien, dem alten Ägypten und anderen Hochkulturen rund um den Globus.

Weinempfehlung

Von den Rebsorten des Hauses *Emmerich* hat mich besonders die Scheurebe Lage Iphöfer Kronsberg angesprochen, ein vorzüglicher trockener Kabinettwein, fruchtig und harmonisch, ein idealer Begleiter zu jedem guten Essen. Ausgeschenkt wird die Scheurebe auch in den Iphöfer Gasthöfen *Goldener Stern* und *Deutscher Hof*.

Thilo Castner

Informationen:
Tourist Information Iphofen, Kirchplatz 7, 97346 Iphofen, Tel. 0 93 23/87 03 06, Fax 0 93 23/87 03 08, www.iphofen.de
Tourist-Info Markt Einersheim, Marktplatz 5, Tel. 0 93 26/3 96, www.markt-einersheim.de
Weingut & Winzerhof Emmerich, Einersheimer Str. 47, Tel. 0 93 23/87 59 30, Fax 0 93 23/8 75 93 99. Geöffnet Mo–Sa 8.00–12.00, 13.00–18.00, So/Fei 9.00–12.00 oder nach Vereinbarung, www.weingut-emmerich.de
Knauf-Museum Iphofen, Am Marktplatz, Tel. 0 93 23/ 3 15 28 oder 3 10, Fax 0 93 23/50 22. Geöffnet März–Okt Di–Sa 10.00–17.00, So 11.00–17.00, www.knauf-museum.de

Einkehrtipp:
Gasthof *Goldener Stern*, Maxstr. 22, Tel. 0 93 23/33 15, Fax 0 93 23/63 37. Geöffnet Mo–Di und Do–Fr ab 17.00, So 12.00–19.00, Mi Ruhetag,
www.beim-hollaender.de
Gasthof *Deutscher Hof,* Ludwigstr. 10, Tel./Fax 0 93 23/ 33 48. Geöffnet 12.00–13.45 und 18.00–23.00, Mi und Do Ruhetag.

Extras:
»Schwandertag« am 1. Mai mit Themen- und Hüttenwanderungen rund um den Schwanberg.
2. Jul-WE Winzerfest auf dem Marktplatz von Iphofen.
Ende Sep Wein-Kulinarischer Spaziergang in der Altstadt.
2. Okt-WE symbolischer Weinleseabschluss mit dem Einholen der »letzten Fuhre« und anschließendem Bremserfest.
1. Sa im Dez Fackelwanderung – Glühwei(h)nacht im *Winzerhof Emmerich*.

Karte:
Wanderkarte der Stadt Iphofen 1:35.000 und Fritsch Wanderkarte 1:50.000, Nr. 67, Naturpark Steigerwald.

Frickenhausen 15

Tour: Spaziergang durch die Weinlagen bei Frickenhausen.
Länge: Gut 4 km.
Dauer: 1½–2 Std.
Höhenunterschied: 100 m.
Markierung: Grüne Traube und rote Doppelpyramide.
Familie: Für Jung und Alt gleichermaßen geeignet.
Anfahrt: *ÖPNV:* Mit dem Zug nach Kitzingen, anschließend mit Bus 8112 zur Haltestelle Dreschplatz in Frickenhausen vor dem Unteren Tor. *Kfz:* Auf der A 7 bis Ausfahrt 104 (Marktbreit), von da bis Frickenhausen noch ca. 10 km. Parken in der Ortsmitte am Babenberger Platz.

Bischöfliches Tafelgut

Der kleine, idyllisch gelegene Weinort am südlichsten Punkt des Maindreiecks ist urkundlich erstmals 903 in Erscheinung getreten. Bis 1406 unterstand Frickenhausen dem Hochstift Würzburg, das es zum »bischöflichen Tafelgut« erhoben hatte, und fiel dann an das Würzburger Domkapitel. Wein wird hier seit Jahrhunderten angebaut, und auch die Würzburger Bischöfe förderten den Weinanbau stets nach Kräften. In der zweiten Hälfte des 15. Jahrhunderts wurde Frickenhausen mit Mauern und Türmen befestigt, nachdem es zuvor das Marktrecht erhalten hatte. 1475 ließ das Würzburger Domkapitel eine große Weinkellerei errichten, und adelige sowie geistliche Herren erwarben später ebenfalls Weinkeller und Weinberge. Mithilfe der beträchtlichen Gewinne, die der Weinverkauf einbrachte, entstanden im Laufe der Zeit prächtige Fachwerk- und barocke Patrizierhäuser, die noch heute in Frickenhausen zu bewundern sind.

Die zwei Frickenhäuser Weinlagen Kapellenberg und Fischer, zur Großlage Frickenhäuser Markgraf Babenberg zusammengefasst, sind auf vier markierten und gut ausgebauten Weinbergstraßen begehbar. Wir entscheiden uns für den Weinheiligenweg, so genannt weil dort auf insgesamt zwölf Tafeln die für jeden Monat zuständigen Weinheiligen vorgestellt werden, die die Weinberge vor bösen Einflüssen bewahren sollen.

Ausgangspunkt: die Valentinuskapelle

Startpunkt ist das alte Rathaus in der Hauptstraße. Von dort geht es zum Gasthaus *Ehrbar Fränkische Weinstube*, dann weiter nach links in die Valentin-Zang-Straße, in Richtung des von Fachwerk umgebenen, schmucken Oberen Tors. Nachdem wir dieses durchschritten haben, steht uns mit der Kapellensteige ein extrem steiler und Kräfte raubender Streckenabschnitt bevor. Mannshohe Muschelkalkmauern umgeben uns auf beiden Seiten, dahinter befinden sich dicht bepflanzte Rebhänge der Lage Frickenhäuser Kapellenberg. Wir arbeiten uns auf dem holprigen Kopfsteinpflaster vorsichtig nach oben bis zur Valentinuskapelle, wo es sich empfiehlt eine erste kurze Verschnaufpause einzulegen. Das Kapellchen verdankt den Namen seinem Erbauer, Bürgermeister Valentin Zang, der 1699 aus Dankbarkeit für die Genesung von einer schweren Lähmung diesen Bau gestiftet hatte.

Hier beginnt nun der eigentliche Weinheiligenweg mit der Markierung grüne Traube. Die Route erinnert an die im Mittelalter übliche Anbetung und Verehrung der für den jeweiligen Monat zuständigen Heiligen, die mit der Hoffnung verbunden

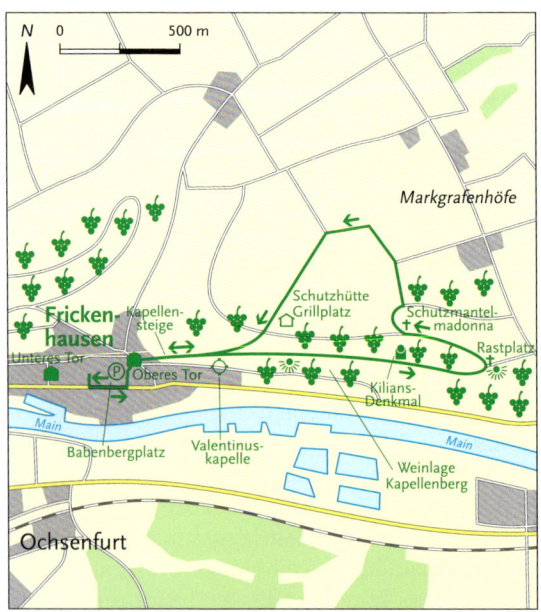

Das Alte Rathaus mit Freitreppe

war, so die Weinberge vor Unwettern und Unbill bewahren zu können. So sind beispielsweise für den Januar die drei Heiligen aus dem Morgenland, Kaspar, Melchior und Balthasar, zuständig, für Februar hingegen Blasius und Matthias und für März Josef und Maria. Immer wieder gibt es auf dem Weinheiligenweg Heiligenbilder und Bildstöcke mit Heiligenfiguren zu entdecken, häufig laden Ruhebänke zum Verweilen ein und stets begleitet uns eine schöne Aussicht auf Frickenhausen und Ochsenfurt, auf das breite Maintal und die dahinterliegenden, steil abfallenden Höhenzüge. Schwer vorstellbar, dass man auf diesen Rebhängen gefahrlos arbeiten kann.

Nach etwa fünfzehn Minuten stehen wir vor dem St. Kilian-Stein, umrahmt von Schatten spendenden Bäumen und klobigen Muschelkalkquadern. Eingraviert ist der Spruch
>>*Heiliger St. Kilian,*
halt schützend deine Hand
über unser Frankenland.«

Der Heilige Kilian ist der Schutzpatron der Winzer, und das Denkmal ist anlässlich der 1984 abgeschlossenen Weinbergsflurbereinigung geschaffen worden. Nach weiteren fünfzehn Minuten kommen wir zu einem kleinen Rastplatz mit Wetterkreuz. Hier biegen wir, der grünen Traube folgend, nach links ab.

In einer großen Kehre begeben wir uns nun auf den Rückweg. Es geht wieder leicht bergauf, links umgeben von den Rebstöcken, rechts von dichtem Wald, der die Weinhänge vor kalten Nordwinden schützt. Hinter dem Wald verbergen sich große Steinbrüche. An der Schutzmantelmadonna teilt sich der Weg. Geradeaus käme man relativ schnell wieder zur Valentinuskapelle. Schöner jedoch ist der mit der Abzweigung nach rechts verbundene kleine Umweg über den Panoramarundweg. Auf ihn weist die Markierung der roten Doppelpyramide hin.

Auf dem Panoramarundweg sind nun noch weitere Höhenmeter zu überwinden. Die Rebhänge werden zunehmend flacher und verlieren sich. Nach knapp zwanzig Minuten, am Ende der Riesenschleife, stoßen wir wieder auf die Kapellensteige, und von da an geht es durch ein Wäldchen und vorbei an Nussbäumen zügig bergab. Links steht eine Schutzhütte mit Grillplatz und rechts befindet sich ein Bildstock, der anlässlich des 200-jährigen Bestehens des *Weinguts Meintzinger* gestiftet wurde. Bald ist die Valentinuskapelle erreicht, und gemächlich schlendern wir durch das Obere Tor zurück in die Ortsmitte.

Mittelalterliches Flair

Anschließend lohnt es sich, Frickenhausen näher unter die Lupe zu nehmen. Hier gibt es etliche überaus sehenswerte Gebäude, als da wären das Patrizierhaus, der Schwarzenberg-Palais sowie die *Ehrbar Fränkische Weinstube* in der Hauptstraße, das alte Rathaus mit der eindrucksvollen Mariensäule, die katholische Pfarrkirche St. Gallus und auf dem Patrizierplatz das stattliche Barockgebäude und das Winzerhaus – um nur die wichtigsten Highlights zu nennen. Am besten ist es, einfach nach Gusto durch die verwinkelten Gässchen zu bummeln: zum Maintor, zu den noch vorhandenen Befestigungsanlagen im nördlichen Ortsteil oder zu den fantasievoll gestalteten Innenhöfen. Keinesfalls ausgelassen werden darf natürlich ein Besuch im *Weingut Meintzinger*.

Spitzenweine seit über 200 Jahren

Wie bereits erwähnt, veranlassten die Würzburger Domherren 1475 in Frickenhausen die Gründung einer großen Weinkellerei, die nach etlichen Umbauten und Vergrößerungen zum Vorläufer des Meintzinger Weingutes wurde. Im Jahr 1790 hatte ein Peter Meintzinger aus Gebsattel im Taubertal auf den Fundamenten der ehemaligen Kellerei eine Weinhandlung eröffnet, die sich im Laufe der darauffolgenden Jahrhunderte zu einem der größten und bekanntesten Weingüter Frankens mauserte. Auf den Lagen Frickenhäuser Kapellenberg und Frickenhäuser Fischer bewirtschaftet man, nunmehr in der achten Generation, derzeit 26 Hektar Rebfläche. 80 Prozent der erzeugten Weine werden selbst vermarktet, der Rest geht an Wirtshäuser oder an den Fachhandel.

Die Philosophie des Hauses ist einem Bonmot Gustav Mahlers entlehnt: »Tradition ist die Bewahrung des Feuers, nicht die Anbetung der Asche.« Obwohl Meintzingers Weine in der Vergangenheit von der Deutschen Landwirtschaftlichen Gesellschaft wie vom Fränkischen Weinbauverband zahllose Prämierungen erhalten haben, machen Michaela und Jochen Meintzinger keinerlei Anstalten, sich auf den erlangten Lorbeeren

Idyllisches Frickenhausen

So gemütlich ist es im *Weingut Meintzinger*

auszuruhen. Ihr Motto ist es, stetig noch besser zu werden und neue Wege zu gehen. Worin liegt das Geheimnis für die außergewöhnliche Qualität des Meintzinger Weins?

Die anspruchsvollen Riesling- und Silvaner-Reben gedeihen auf dem Quader-Muschelkalkboden der Lagen Kapellenberg und Fischer besonders gut, weil auf den ausnahmslos nach Süden ausgerichteten Steilhängen mediterrane Temperaturen erzielt werden. Pflückmaschinen sind auf dem *Weingut Meintzinger* absolut verpönt – alles wird handverlesen, auch die weißen Trauben. In trockenen Sommern werden die Weinberge rechtzeitig gewässert. Auf der Weinliste tummelt sich an Rot- und Weißweinen, was in Franken Rang und Namen hat, darunter auch einige Spätlesen, ein Eiswein und eine Trockenbeerenauslese. Neuerdings sorgt der rote Acolon für viel Wirbel, und der in Franken seltene Traminer ist auf den Frickenhäuser Lagen ebenfalls von hoher Qualität. Das *Weingut Meintzinger* nicht zu kennen – für Genießer fränkischer Weine eine Unmöglichkeit, ja fast schon ein Sakrileg.

Weinempfehlung

Eine Domäne der Lage Frickenhäuser Kapellenberg ist die Riesling-Rebe, und meine Entscheidung für den halbtrockenen 2012er Riesling Kabinett vom *Weingut Meintzinger* war daher praktisch nur noch reine Formsache. Der gute Tropfen, belebend und würzig im Geschmack, passt zu jedem Essen und ist ein Garant für kulinarischen Genuss.

Thilo Castner

Informationen:
Gemeindeverwaltung Frickenhausen, Babenbergplatz 6, 97252 Frickenhausen, Tel. 0 93 21/27 26, www.frickenhausen.de
Weingut Meintzinger, Babenbergplatz 4, Tel. 0 93 31/ 8 71 10, Fax 0 93 31/75 78. Weinverkauf und -verkostung Mo–Fr 8.00–22.00, Sa 9.00–22.00, So 10.00–20.00. Weinproben ab 15 Personen nach Voranmeldung, www.weingut-meintzinger.de

Einkehrtipp:
Ehrbar Fränkische Weinstube, Hauptstr. 17, Tel. 0 93 31/ 6 51, Fax 0 93 31/52 07. Geöffnet Mi–So 10.00–24.00, warme Küche Mi–So 11.30–14.00, 17.00–21.30, Mo und Di Ruhetag, www.ehrbar-weinstube.de

Extras:
Hofschoppenfest im *Weingut Meintzinger* am Muttertag im Mai.
Frickenhäuser Weinfest am 2. WE im Aug.

Karte:
Fritsch Wanderkarte 1:50.000, Nr. 83, Landkreis Würzburg.

16 Hüttenheim

> **Tour:** Von Hüttenheim rund um den Tannenberg.
> **Länge:** Knapp 5 km.
> **Dauer:** Reine Gehzeit ohne Besichtigung und Einkehr rund 1½ Std.
> **Höhenunterschied:** 100 m.
> **Markierungen:** Im Wesentlichen H1 und H 2.
> **Familie:** Von jeder Altersstufe zu bewältigen.
> **Anfahrt:** *ÖPNV:* Vom Bahnhof in Iphofen mit Buslinie 8101 zum Hüttenheimer Marktplatz. Vom 1. Mai bis 1. Nov fährt auch der Bocksbeutel-Express an Sonn- und Feiertagen über Hüttenheim, und zwar von Markt Bibart oder Uffenheim aus (vom 1. Aug bis 31. Okt auch zusätzlich am Sa). *Kfz:* Auf der B 8 bis Altmannshausen (bei Markt Bibart), von da über Dornheim und Nenzenheim zum Hüttenheimer Marktplatz. Oder von der A 7 Ausfahrt Gollhofen und anschließend über Herrnberchtheim, Ippesheim, Bullenheim und Seinsheim nach Hüttenheim. Parken am Marktplatz oder in einer der Nebenstraßen.

Das 918 urkundlich erstmals erwähnte Hüttenheim, ein Ortsteil der Gemeinde Markt Willanzheim, gehört wie Markt Einersheim und Rödelsee zur Verwaltungsgemeinschaft Iphofen. Seit 1199 wird in Hüttenheim Wein angebaut, hauptsächlich an den Flanken des nahen Tannenbergs, und nach wie vor ist die Mehrzahl der 580 Hüttenheimer Einwohner hauptsächlich mit der Erzeugung und Vermarktung des edlen Traubensafts beschäftigt.

Kirchenburg und Fahrradmuseum

Bevor wir mit der Wanderung zum 382 Meter hohen Tannenberg starten, lohnt es sich, die wichtigsten örtlichen Sehenswürdigkeiten in Augenschein zu nehmen. Gleich neben dem Marktplatz, erreichbar durch einen stattlichen Torbogen, liegt die imposante Hüttenheimer Kirchenburg aus dem 14. Jahrhundert, eine der größten ihrer Art in Franken. Das mächtige Gotteshaus ist umgeben von trutzigen Mauern und eingerahmt von gut erhaltenen Gaden – kleine Häuschen, in denen die Anwohner früher Vorräte für Notzeiten lagern konnten. Bis 1895 wurde die Kirche von beiden Konfessionen genutzt, dann erst stand die katholische Pfarrkirche St. Johannes zur Verfügung.

Außerordentlich sehenswert ist auch das Hüttenheimer Fahrradmuseum, kaum 100 Meter vom Marktplatz entfernt. Hier hat Norbert Gonschorek im Laufe von 30 Jahren Hunderte von Fahrrädern gesammelt. 135 davon sind in der hauseigenen Scheune zu sehen, u. a. Renn- und bequeme Liegeräder, Kinder- und Lastenräder, Hochräder, Kardanräder und motorgestützte Räder, eine Rikscha, ein belgisches Holzrad und ein Schweizer Armeerad – also so ziemlich alles, was in eineinhalb Jahrhunderten an Velos entwickelt und ausprobiert worden ist. Nahezu alle Räder sind funktionsfähig, und Museumsdirektor Gonschorek ist jederzeit in der Lage, anfallende Reparaturen in seiner Werkstatt durchzuführen.

Aufstieg zum Tannenberg

Nun zurück zum Marktplatz und ein paar Minuten Richtung Nenzenheim – Straßennamen gibt es hier noch nicht. Linker

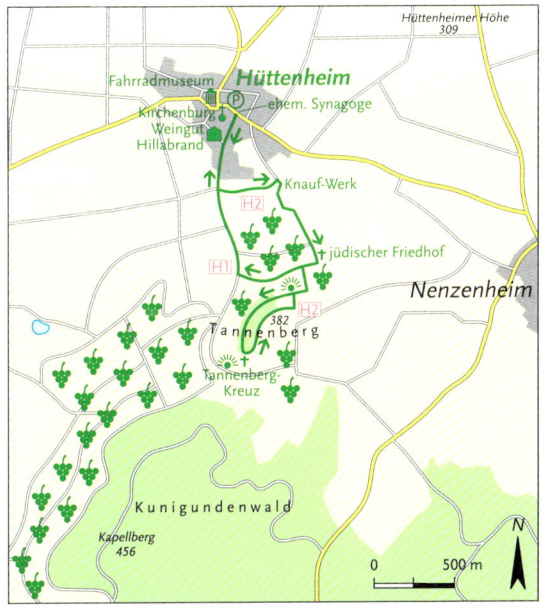

Hand ein Hinweis auf die ehemalige Synagoge, die 1943 von Nazis geschändet worden war und 1996 zum Wohnhaus umgebaut worden ist. Ende des 19. Jahrhunderts lebten in Hüttenheim 173 Juden, und 1816/17 wurde außerhalb des Ortes, inmitten von Weinbergen, ein jüdischer Friedhof angelegt, den wir in Kürze kennenlernen werden.

Auf der gegenüber liegenden Straßenseite folgen wir zunächst der Markierung »Weinparadiesscheune« und passieren kurz darauf den ehemaligen Ebracher Schultheißenhof, jetzt ein florierendes Weingut. Wir lassen die letzten Häuser von Hüttenheim hinter uns und haben nun den Tannenberg unmittelbar vor uns. Wir biegen mit den Markierungen H1 und H2 nach links ab und steuern auf ein Werk der Firma Knauf zu, welche die hier reichlich vorhandenen Gipsvorkommen abbaut.

Vor dem Knaufwerk orientieren wir uns nach rechts. Gut 100 Meter begleitet uns die Markierung Steigerwald-Panoramaweg, die dann mit H1 nach links abzweigt, während wir aber mit H2 weiter geradeaus gehen und so inmitten der Rebhänge

Hüttenheims Trauben ergeben einen delikaten Wein

Die Scheurebe, prämiert mit Gold und Silber, zählt zu den besten Weinen des *Weinguts Hillabrand*.

gelangen, die sich bis zum Tannenberg hinauf erstrecken. Es sind nun einige steilere Passagen zu bewältigen, doch die immer grandiosere Aussicht auf das hinter uns liegende Hüttenheim entschädigt dafür reichlich. Auf halber Höhe erreichen wir den bereits erwähnten jüdischen Friedhof, auf dem ab 1816 die jüdischen Mitbürger aus Hüttenheim und den umliegenden Gemeinden Nenzenheim, Dornheim, Marktbreit, Bullenheim und Weigenheim bestattet wurden. Obwohl der Friedhof im Dritten Reich verwüstet worden ist, sind über hundert Grabsteine erhalten geblieben, aufgestellt in 90 Meter langen Reihen.

Wir folgen weiterhin der Markierung H2 und gewinnen ständig an Höhe. Unser Blick reicht über die herrliche Landschaft rund um Hüttenheim bis hin zum Schwanberg. Die Rebhänge rings um den Tannenberg umfassen eine Fläche von insgesamt 75 Hektar. Angebaut werden auf dem fruchtbaren Gipskeuperboden neben Müller-Thurgau und Silvaner auch Weißer und Grauer Burgunder, Kerner, Bacchus sowie die Rotweinsorten Domina, Dornfelder, Spätburgunder und Blauer Portugieser.

Der letzte Teil des Weges führt durch einen schmalen Waldgürtel, danach ist das Gipfelplateau erreicht. Die Aussicht ist

Kirchenburgweinfest und kulinarischer Dorfspaziergang

Eines der Prunkstücke im Hüttenheimer Fahrradmuseum ist die Draisine.

von dort aus nochmals um etliches eindrucksvoller. Mithilfe einer Richtungsspinne können wir mühelos die Ortschaften Bullenheim, Seinsheim, Markt Willanzheim und Kitzingen ausmachen. Das mächtige Holzkreuz ganz oben entstand zur Erinnerung an den 3. Oktober 1990, den Tag der deutschen Wiedervereinigung. Eine ausgiebige Rast zur Erholung und zum Genießen des wahrlich paradiesischen Panoramas sollte man sich gönnen.

Zurück nach Hüttenheim folgen wir H2 und umgehen den Tannenberg auf seiner Ostflanke. Auch hier reiht sich bis ins Tal hinunter Rebstock an Rebstock und uns begleitet ein schöner Blick auf Nenzenheim. Sobald die Westflanke erreicht ist, geht es dann ständig bergab, sodass man zügig vorankommt. An der Schutzhütte nach links halten und am Infohäuschen nach rechts abbiegen. Der Bildstock kurz vor Hüttenheim erinnert daran, dass am Tannenberg seit 800 Jahren Wein angebaut wird. Nach ein paar Minuten stehen wir auch schon vor den ersten Häusern des anheimelnden Winzerdorfes.

Einkehr in *Weingut und Heckenwirtschaft Hillabrand*

Familie Hillabrand betreibt den Weinanbau seit 1926, zunächst nebenberuflich, seit einigen Jahren jedoch als Hauptberuf. 2006 hat Sohn Markus die Verantwortung übernommen. Vermarktet werden die Weine in Eigenregie. Einige Weine des Hauses konnten auf der AWC Vienna, dem größten offiziell anerkannten Weinwettbewerb der Welt, Gold und Silber gewinnen. Das Weingut wurde vom Fränkischen Weinbauverband als Heckenwirtschaft zertifiziert und bietet im Frühjahr von Mitte März bis Anfang Mai sowie im Herbst von Mitte September bis Anfang November neben seinen vorzüglichen Weinen köstliche fränkische Spezialitäten an – eine Einkehr oder zumindest eine Weinverkostung in dem schmucken Fachwerkhaus sollte man sich daher nicht entgehen lassen.

Fast alle Weine des Hauses Hillabrand, ob Silvaner, Müller-Thurgau, Bacchus, Riesling, Weißburgunder, Scheurebe, Domina, Dornfelder oder Rotling, stammen vom Tannenberg. 30 Prozent der Traubenernte wächst auf Steilhängen und wird per Hand gelesen. Noch ist die Familie imstande, die sieben Hektar Rebfläche ohne fremde Hilfe zu bewirtschaften, und soweit möglich, werden die Rebstöcke mit Mist und Humus gedüngt. Nach vorheriger Anmeldung kann man an Führungen durch die Weinlagen am Tannenberg teilnehmen, und das ganze Jahr über kann man im *Weingut Hillabrand* ausgezeichneten Wein kaufen und sich zu Hause schmecken lassen.

Weinempfehlung

Von den Weinen des *Weinguts Hillabrand* hat mir am besten die 2011er Scheurebe gemundet, eine halbtrockene und spritzige, körperreiche Spätlese, die bei der AWC Vienna 2011, an der über 9.000 Weine aus 36 Ländern blind verkostet wurden, mit Gold prämiert wurde. Es erscheint mir unmöglich, von diesem guten Tropfen nicht begeistert zu sein.

Thilo Castner

Informationen:

Gemeinde Markt Willanzheim, Marktplatz 5, 97348 Willanzheim. Tel. 0 93 26/8 76 52 60,
www.willanzheim.de

Weingut & Weinstube Hillabrand, Haus Nr. 96, 97348 Hüttenheim, Tel. 0 93 26/17 65, Fax 0 93 26/97 90 08. Weinverkauf Mo–Fr ab 12.00 und nach Vereinbarung, Sa ab 9.00, So/Fei ab 10.00. Einkehrmöglichkeit für jeweils 8 Wochen im Frühjahr und Herbst, www.weingut.hillabrand.de

Weinbauverein Hüttenheim, Haus Nr. 164, Tel. 0 93 26/ 2 72, www.huettenheim.de

Fahrradmuseum Hüttenheim, Haus-Nr. 118, Tel. 0 93 26/3 49. Geöffnet Mai–Okt jeden 1. So im Monat oder nach Vereinbarung, www.velos.de

Einkehrtipp:

Landgasthof May, Hüttenheim Nr. 6 am Marktplatz, 97348 Willanzheim, Tel. 0 93 26/2 55, Fax 0 93 26/ 2 05. Geöffnet Mo–Di und Do–Fr 11.30–14.00 und 18.00–22.00, Sa ab 10.00, So/Fei 11.30–22.00, Mi Ruhetag, Nov bis Feb Ruhetag auch Do, www.landgasthofmay.de

Extras:

Hüttenheimer Kirchenburgweinfest am 3. Aug-WE mit fränkischen Spezialitäten und Weinen vom Tannenberg.

Hofschoppenfest im *Weingut Hillabrand* am 2. WE nach Pfingsten.

Kirchenburgmarkt mit kunstgewerblichen Ausstellungen im Mai.

Kulinarischer Dorfspaziergang durch Hüttenheim Ende Feb und zwei Mal im März.

Karten:

Wanderkarte Iphofen 1:35.000 und Fritsch Wanderkarte 1:50.000, Nr. 67, Naturpark Steigerwald.

Bullenheim 17

Tour: Von Bullenheim auf dem Weinparadiesweg zur Weinparadiesscheune, weiter zur Weinlage Seinsheimer Hohenbühl, dann bis zum Tannenberg und zurück.
Länge: Rund 8 km.
Dauer: Reine Gehzeit, aber mit Aufstieg zur Kunigundenkapelle, 2½ bis 3 Std.
Höhenunterschied: Ca. 150 m.
Markierung: Eindeutige Zeichen fehlen, die Wegbeschreibung erfolgt im laufenden Text.
Familie: Auch für Kinder ab 10 Jahren geeignet, die eine gute Kondition mitbringen.
Saison: Die Tour ist das ganze Jahr über möglich, am schönsten ist sie aber zur Zeit der Weinlese. Im Winter bei Eis und Schnee ungeeignet.
Besonderheiten: Für den Aufstieg zu den Weinlagen und zur Kunigundenkapelle evtl. Wanderstöcke mitbringen.
Anfahrt: *ÖPNV:* Vom 1. Mai bis 1.Nov verkehrt der Bocksbeutel-Express (Buslinie 109) sonn- und feiertags drei Mal von Markt Bibart nach Uffenheim und zwei Mal zurück, mit Haltestelle in der Nähe des Bullenheimer Rathauses. Vom 1. Aug bis 1. Nov noch mit einer zusätzlichen Fahrt von Markt Bibart nach Uffenheim und zurück. *Kfz:* Auf der A 7 bis Ausfahrt Gollhofen, dann auf der B 13 bis Gollhofen, anschließend über Herrnberchtheim und Ippesheim nach Bullenheim. Parkmöglichkeiten im Ortskern.

Die Weinhänge bei Bullenheim sind die größten im mittelfränkischen Weinanbaugebiet. Besonders seit Einführung der Buslinie Bocksbeutel-Express findet sich in dem überschaubaren 320-Seelen-Ort an den Sommerwochenenden eine große Schar von Besuchern ein, die von der Schönheit der Gegend begeistert ist und in den zahlreichen Heckenwirtschaften und Winzerstuben den hier gewonnenen trefflichen Wein genießt.

Bummel durch Bullenheim

Vor dem Aufstieg ins Bullenheimer Paradies und vor einer ausgiebigen Weinprobe lohnt sich zunächst ein kleiner Rundgang durch Bullenheim. Das alte Rathaus im Ortskern ist ein stattlicher Fachwerkbau aus dem Jahr 1583, errichtet während der Grundherrschaft der Herren von Schwarzenberg, die mit zwei Wappenreliefs an der Frontseite des Rathauses verewigt sind. Einen eigenen Gemeinderat gibt es in Bullenheim seit der Gebietsreform von 1972 nicht mehr – Bullenheim gehört, wie Herrnberchtheim, zur Verwaltungsgemeinschaft Ippesheim. Das Rathaus fungiert deshalb lediglich als Info-Zentrum.

Nur 100 Meter sind es zur Simultankirche St. Leonhard, einer ehemaligen Wehrkirche, in deren Innerem sich ein eindrucksvoller Altar aus dem Jahr 1663 und ein Taufstein von 1855 verbergen. Da in Bullenheim nach der Reformation Katholiken und Protestanten lebten, kam es 1664 zu einem Gnadenvertrag, in dem festgelegt wurde, dass die Kirche beiden Konfessionen offenstehen solle. Auf dem angrenzenden Friedhof sind auf der einen Seite die Gräber der Katholiken, auf der anderen die der Protestanten. Der stolze Ritter links am

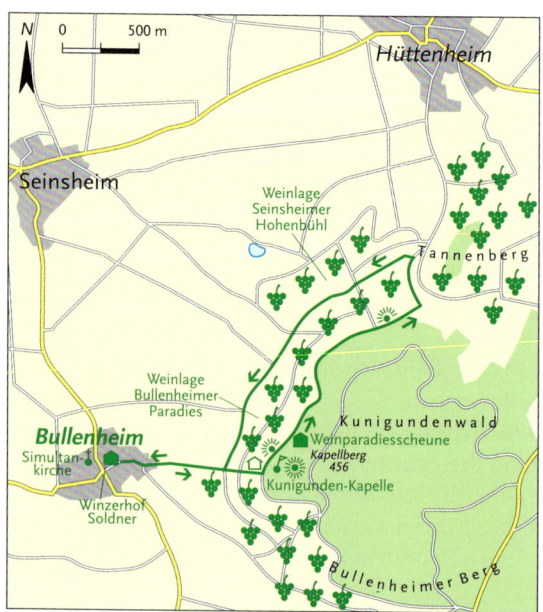

Paradiesische Weinlagen

Rebstöcke der Weinlage Bullenheimer Paradies

Kircheneingang, ausgestattet mit Rüstung und Schwert und lässig auf einem Löwen stehend, zeigt angeblich den 1572 verstorbenen Graf Paul von Schwarzenberg, dereinst Herr über Bullenheim.

Umsäumt ist die Kirche von gut erhaltenem Mauerwerk und Gaden – kleine Häuschen, die meist nur aus einem Raum oder einem Stockwerk bestehen und in denen einst die Bewohner bei Gefahr Zuflucht fanden und ihre Vorräte lagern konnten. Vor Kurzem wurden die Gaden zu attraktiven Ferienwohnungen umgebaut.

Zum Weinparadiesweg

Nun aber auf zu den Rebhängen unterhalb des Kapellbergs, unserem eigentlichen Ziel! Deshalb geht es jetzt zurück zum Rathaus, links am Wirtshaus *Zur Sonne* vorbei, und dann sollte man dem Schild »Weinparadiesscheune« folgen. Nach dem *Winzerhof Soldner* gilt es sich rechts zu halten, anschließend links, und dann immer geradeaus. Prächtige Rebstöcke umgeben uns von allen Seiten, oben auf dem Kapellberg, halb verdeckt von Bäumen, ist die Ruine der Kunigundenkapelle zu erkennen. Wir lassen den nach links ausgerichteten Hinweis zur Paradiesscheune unbeachtet, um vor unserer Einkehr dort noch die Möglichkeit zu haben, einen Abstecher zur Kunigundenkapelle zu machen. Deshalb gehen wir auf der breiten Strasse zügig weiter, bis wir auf schmale Steinstufen stoßen. Der Anstieg erfordert jetzt vollen Einsatz, denn hier ist es extrem steil. Der Treppenaufstieg lässt erahnen, wie anstrengend die Arbeit des Winzers an diesen fast senkrecht abfallenden Hängen sein muss. Endlich – fast eine halbe Stunde hat der Aufstieg von Bullenheim gedauert – haben wir den Weinparadiesweg erreicht. In einer kleinen Schutzhütte lassen sich viele Erläuterungen zum Weinanbau und zur geologischen Struktur des Kapellbergs finden.

Der Weinparadiesweg mündet rechts in den Bullenheimer Weinlehrpfad, wir wenden uns aber nach links, Richtung *Weinparadiesscheune*. Zuvor sollte man jedoch erst die einmalig schöne Aussicht über die Rebhänge nach Bullenheim und Seinsheim genießen. Es ist wahrlich ein Paradies, das da zu unseren Füßen ausgebreitet liegt.

Vor der Fortsetzung der Wanderung bietet es sich für Besucher mit guter Kondition nun an, zur Ruine der Kunigundenkapelle aufzusteigen, zu der ein paar Meter rechter Hand der Schutzhütte die Treppen steil hinaufführen – in gut zehn Minuten ist man oben, und das Panorama ist ungleich beeindruckender.

Weinparadiesscheune und Seinsheimer Hohenbühl

Wir setzen nun unseren Rundgang fort. Die Weinhänge nehmen kein Ende, und die *Weinparadiesscheune* ist bald erreicht, genau an der Grenze zwischen Mittel- und Unterfranken, eingebettet zwischen dem Kunigundenwald und malerischen Weinbergen. Die *Paradiesscheune* entstand auf Initiative von Winzern aus den Weinparadiesgemeinden Seinsheim und Bullenheim. Die gehisste Frankenfahne zeigt an, dass die Scheune geöffnet hat. Wer hier nicht einkehrt, um den Wein sowie die fränkischen Spezialitäten zu probieren, verpasst etwas. Wenigstens für einen Schoppen sollte man sich Zeit nehmen.

Paradiesische Weinlagen

Auf dem Paradiesweg geht es frisch gestärkt weiter, wir wechseln übergangslos vom Bullenheimer Paradies zur Weinlage Seinsheimer Hohenbühl. Von der Aussichtsplattform, die wir nach knapp fünfzehn Minuten erreichen, fällt der Blick direkt auf Seinsheim, und auch Hüttenheim nordöstlich ist klar zu sehen.

Anschließend nähern wir uns immer weiter dem Tannenberg, der sich mit jedem Schritt höher vor uns auftürmt. Auf dem Querweg, gleich nach dem nächsten Infohäuschen, biegen wir nach links ab, werfen noch einen bewundernden Blick auf die Weinhänge am Tannenberg und biegen dann links in die zweite Querstraße ein, die uns nach Bullenheim zurückbringen wird. Es sind mehrere Querstraßen, die sich entlang der Rebhänge unterhalb des Kapellbergs dahinschlängeln, und jede bringt uns zum Ausgangspunkt unseres Rundgangs zurück. Es ist interessant, nun die Lagen Seinsheimer Hohenbühl und Bullenheimer Paradies von unten nach oben zu erleben – und damit aus völlig anderer Perspektive als zuvor auf dem Paradiesweg.

Herbstimpression: Weinstock im Licht- und Farbenspiel

Einkehr im Winzerhof

Zur Verkostung der Weine vom Bullenheimer Paradies empfiehlt sich ein Besuch im *Paradiesstübchen* der Winzerfamilie Soldner. Der Winzerhof liegt direkt am Weg – wir sind zu Beginn der Rundwanderung schon daran vorbeigekommen. Helmut Soldner bearbeitet mit seiner Frau zwar nur eine Rebfläche von gerade einmal einem Hektar, doch dafür wird alles per Hand erledigt: die Weinlese, das Zurückschneiden der Reben und häufig auch das Beseitigen des Unkrauts zwischen den Rebstöcken. Gespritzt wird nur in Ausnahmefällen, denn die Soldners wollen einen möglichst naturnahen Wein. Für die Umstellung auf ökologischen Anbau ist die Fläche allerdings zu klein.

An vier Monaten im Jahr, jeweils an den Wochenenden, wird man im *Paradiesstübchen* mit selbst gebackenem Kuchen und fränkischer Brotzeit verwöhnt und kann jederzeit eine Weinprobe mitmachen. Und mit dem sogenannten Paradieswein bietet das *Paradiesstübchen* seinen Besuchern etwas ganz Besonderes: Denn dieser Wein ist ein Gemeinschaftsprodukt von 14 Winzern aus Bullenheim, Großharbach, Iphofen, Ippesheim, Seinsheim und Weigenheim und wird ausschließlich aus Trauben der Rebsorte Müller-Thurgau hergestellt. Er ist ein sehr trockener und gleichwohl fruchtig-frischer Wein, abgefüllt in einen speziellen Bocksbeutel mit phantasievollem Etikett. Da die verwendeten Trauben aus verschiedenen Weinbergslagen stammen, müssen die 14 Winzer die festgelegten Qualitätskriterien genau einhalten.

Helmut Soldner ist nicht nur an der Entstehung des Paradieswins beteiligt und Mitbegründer der *Weinparadiescheune*, sondern hat auch noch eine Reihe weiterer naturnaher Weine im Angebot, und zwar Silvaner, Bacchus, Kerner, Rotling, Dornfelder und Domina – alles Tropfen, an denen schon viele Gäste ihre Freude gehabt haben.

Natürlich gibt es in Bullenheim noch etliche weitere Heckenwirtschaften und Winzerhöfe, aber nur ein Wirtshaus, nämlich das *Zur Sonne*. Weinliebhaber werden in Bullenheim ganz sicher auf ihre Kosten kommen und ihren Besuch auf keinen Fall bereuen.

Weinempfehlung

Ich habe den ausgezeichneten, trockenen Paradieswein probiert. Am besten geschmeckt hat mir von den Soldnerweinen allerdings die halbtrockene Silvaner Spätlese, Weinlage Bullenheimer Paradies, ein milder und zugleich kraftvoller und fruchtiger Wein, den ich mir zu jedem Essen vorstellen kann.

Thilo Castner

Informationen:
Gemeindeverwaltung Markt Ippesheim, Schlossplatz 1, 97258 Ippesheim, Tel. 0 93 39/14 44, Fax 0 93 39/15 61, www.ippesheim.de
Weinparadiesscheune, Weinparadiesscheune 1, Tel. 0 93 39/98 96 80. Geöffnet Apr–Okt Mi–Fr ab 13.00, WE/Fei ab 11.00. Nov–März Mi–Fr ab 14.00, WE/Fei ab 11.00, www.weinparadies-scheune.de
Winzerhof Soldner, Bullenheim 206, Tel. 0 93 39/5 05, Fax 0 93 39/98 94 82 Geöffnet Mai–Jun und Sep–Okt WE/Fei. Weinkauf ist stets möglich, www.winzerhof-soldner.de

Einkehrtipp:
Wirtshaus *Zur Sonne*, Bullenheim 18, Tel. 0 93 39/98 94 95, Fax 0 93 39/98 94 82. Geöffnet Di–Mi, Fr–Sa ab 16.00, auf Anfrage auch Mittagstisch, So/Fei ab 10.00, Mo und Do Ruhetag. Tel. 0 93 39/98 94 95, Fax 0 93 39/98 94 82, www.wirtshaus-zur-sonne.de

Extras:
Bullenheimer Weinfest am Himmelfahrtstag und dem anschließendem WE.
Weinparadiesfest mit Tanz unterm Sternenhimmel bei der *Weinparadiesscheune* am letzten Jun-WE.

Karte:
Fritsch Wanderkarte 1:50.000, Nr. 67, Naturpark Steigerwald.

18 Nordheim (Markt)

> **Tour:** Rundgang von Markt Nordheim über den Hohenkottenheim und das Naturschutzgebiet Sieben Buckel/Höllern zurück nach Markt Nordheim.
> **Länge:** Etwa 8 km.
> **Dauer:** 2–3 Std.
> **Höhenunterschied:** Rund 80 m.
> **Markierungen:** Fast durchgehend das weiße Schild mit der Markierung MN5.
> **Familie:** Für jede Altersstufe geeignet, für Kinderwägen allerdings ungeeignet.
> **Anfahrt:** *ÖPNV:* Vom Bahnhof Markt Bibart mit dem Bocksbeutel-Express (an allen Sonn- und Feiertagen, vom 1. August bis zum 1. November auch an Samstagen) direkt in die Ortsmitte von Markt Nordheim; ansonsten bleibt nur die Anfahrt per Pkw über die Landstraße entsprechend dem Anfahrtsort.

Markt Nordheim – die »Perle des südlichen Steigerwaldes«

Die Gemeinde Markt Nordheim an den südlichen Ausläufern des Steigerwaldes ist ein ganz besonderer Weinort, und das nicht nur, weil sie seit einer Goldmedaille beim Landesentscheid *Unser Dorf soll schöner werden* 2007 als eines der schönsten Dörfer Bayerns gilt. Sie liegt nicht im weinfränkischen »Kernland« – sprich Unterfranken – und darf keinesfalls mit ihrem berühmteren Namensvetter Nordheim (Heimat des »Nordheimer Vögeleins«) verwechselt werden (vgl. dazu die Wanderung »Fromm und trinkfest« im ersten Band des *Ausflugs-Verführers Weinfranken*). Unser heutiges Ziel liegt vielmehr im eher bier-affinen Mittelfranken, und die dortige Gesamtanbaufläche für Wein nimmt sich mit 7,2 Hektar auch recht bescheiden aus. Aber diese Hektar – allesamt in der Weinlage Hohenkottenheim auf Gipskeuperboden gelegen – haben es in sich. Das ist vor allem dem einzigen Vollerwerbswinzer Christoph Probst mit seinen 5,5 Hektar zu verdanken. Die Winzerkunst liegt in der Familie: Sein Vater ist als Kellermeister beim größten privaten fränkischen Weingut, *Wirsching* in Iphofen, ebenfalls vom Fach und schuf dort anlässlich der Krönung des niederländischen Königs im Jahr 2013 für Willem-Alexander den »Koningswijn«. Außer seinen mit zahlreichen nationalen und internationalen Preisen ausgezeichneten Weinen hat Christoph Probst zudem noch eine besondere Spezialität im Programm: einen selbst hergestellten Cidre, der sogar eingefleischte Apfelperlwein-Fans aus der Normandie oder der Bretagne zur Verzückung bringt. Aber auch wenn die Versuchung groß ist und sein Weingut nur einen Steinwurf von unserem Ausgangspunkt für die Wanderung entfernt liegt, gilt auch diesmal die eherne Regel: »Erst die Wanderung, dann das Weinvergnügen!«

Rastmöglichkeit auf einem Natur-Freizeitgelände

So beginnen wir unsere Tour im Zentrum von Markt Nordheim unterhalb der St. Georgskirche aus dem 14. Jahrhundert und laufen, geleitet von einem blauen Radwegschild mit der Ziffer 6 und einem roten Tropfen auf weißem Grund, bergauf an der evangelischen Kirche und wieder bergab an der örtlichen Viehwaage vorbei nach rechts auf den Ortsausgang zu. Ab hier wird die Wandermarkierung MN5 unser ständiger Begleiter und

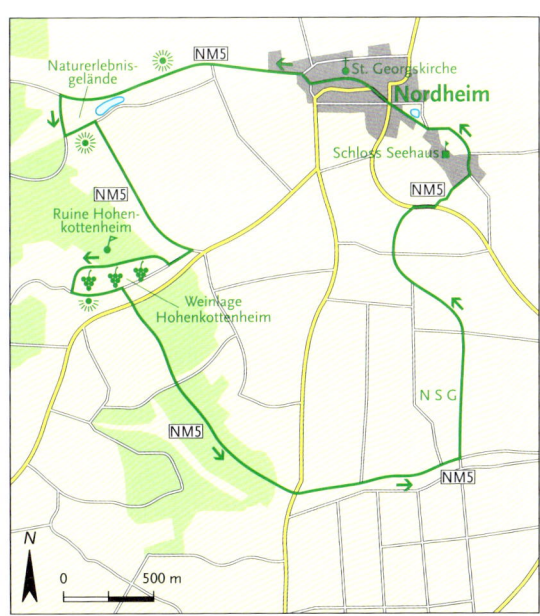

Wegweiser sein. Nach wenigen Minuten haben wir das Ortsende erreicht, und es steht einem unverstellten Blick in die Ferne auf Wald und Höhen im wahrsten Sinne nichts mehr im Wege. Auf befestigtem Wege laufen wir dann am Geroldsbach entlang, der nach etwa 500 Metern schon die erste Rastmöglichkeit bietet. Es befindet sich nämlich über einer Furt des Bächleins ein idyllisches Naturerlebnisgelände, das wohl nicht nur Kinderherzen höher schlagen lässt und mit Picknickplätzen, natürlicher Kneipp-Stelle, Tümpeln und Sandbahn für Barfußläufer aufwartet. Angetan von der herrlichen Aussicht auf die Natur, Obstbäume, Wiesen und Felder, gehen wir schließlich weiter und überqueren linker Hand den Geroldsbach, um unserem nächsten Etappenziel, dem Hohenkottenheim, näherzukommen.

Idyllische Weinberge und eine Burgruine am Hohenkottenheim

Unser Wanderweg MN5, dessen sachliche Bezeichnung so gar nicht zu der wunderbaren Umgebung passen will, führt uns zunächst unterhalb des Berges an Blumenwiesen und Getreidefeldern entlang, dann stellenweise leicht ansteigend, schließlich um die Hälfte des Berges. Dabei hat man stets einen wunderbaren Ausblick auf die nähere und weitere Umgebung Markt Nordheims, das wir vor allem an seinem Kirchturm noch gut erkennen können. Auch unser letztes Etappenziel Schloss Seehaus, das ganz in der Nähe davon liegt, ist mit seiner Kapellenspitze und dem roten Dach gut auszumachen. Kurz bevor wir die leichte Anhöhe ganz hinaufgelangt sind, biegt unser Weg scharf nach rechts ab, und nun heißt es stramm bergauf durch den Wald den Hohenkottenheim erklimmen. Da dieser Teil des Wanderwegs nahezu unbefestigt und ziemlich eingewachsen ist, ist er für Kinderwägen nicht zu empfehlen; große und kleine abenteuerlustige Entdecker aber sind herzlich eingeladen, nun auf einem Rundweg in die Tiefen des Waldes vorzudringen. Dicht an dicht stehen die Bäume und bilden über dem Kopf des Wanderers ein Blätterdach, sodass man sich unweigerlich an die »hohle Gasse« aus Schillers *Wilhelm Tell* erinnert, während man den steilen Weg emporsteigt. Nach einigen Minuten kann man auf der linken Seite durch das Waldesgrün dann auch schon die ersten Weinhänge erkennen, die sich

Mühlenbrunnen und Mühle
in Markt Nordheim

längs des Berges ausbreiten. Aber der Hohenkottenheim hat – wie ein Hinweisschild verrät – noch mehr zu bieten, nämlich die Ruine einer gleichnamigen Burg, die, 1169 erbaut, Stammsitz der Grafen von Seinsheim war. In den Wirren von Bauernaufständen und des Zweiten Markgräflerkriegs im 16. Jahrhundert wurde die Burg zweimal zerstört und diente hernach der Bevölkerung als Steinbruch, sodass heute nur noch ein Kellergewölbe erhalten ist. Aber echte Abenteurer werden dennoch ihren Spaß an der Ruine tief im Wald haben!

Wenn er dann oben angelangt aus dem Wald tritt, offenbart sich dem Wanderer ein erhebender Anblick: Weinberge, so weit das Auge reicht! Wir sind an der Weinlage Hohenkottenheim angelangt und schreiten diese nun ab, wobei sich auch einige Picknickgelegenheiten finden. Nach etwa zehn Minuten führt uns der Weg wieder nach unten und wir laufen nach links unterhalb der Weinberge zurück, bis wir nach etwa einer Viertelstunde auf eine Landstraße stoßen, die es zu überqueren gilt.

Ein Weinspaziergang mit Ruine, Schloss und Cidre

Über die Mittelfränkische Bocksbeutelstraße hinein ins Sprenggebiet

Dieses unscheinbare Sträßchen ist Teil der Mittelfränkischen Bocksbeutelstraße, die sich auf knapp 50 Kilometern Länge durch die Mittelgebirgslandschaft der Naturparke Steigerwald und Frankenhöhe schlängelt. Die Namensgebung geht zurück auf eine Arbeitsgemeinschaft aus Winzern, Gastwirten, Weinbauvereinen sowie Städten und Gemeinden, mit dem Ziel die Region und ihre Spezialitäten damit touristisch zu bewerben. Wir gehen weiter auf der Bocksbeutelstraße geradeaus am Waldesrand entlang, ehe wir nach einigen Minuten die Weinberge vollkommen hinter uns lassen und den Wald durchqueren. Nach etwa einer Viertelstunde ist in einiger Entfernung schon Markt Nordheim mit Schloss Seehaus zu erkennen, aber bevor wir uns dorthin begeben, haben wir noch etwas Besonderes vor: Wir wollen einem Naturschutzgebiet einen Besuch abstatten. Dazu überqueren wir die Ortsverbindungsstraße zwischen Herbolzheim und unserem Ausgangsort, gehen einige Schritte nach rechts und biegen dann links ins markierte Wiesengrün ab. Entlang des malerischen, mit Pappeln gesäumten Irrbachs führt unser Weg an Hinweisschildern entlang, die vor Sprengungen warnen. Hiervon braucht man sich aber nicht schrecken zu lassen, da keine unmittelbare Gefahr für Leib

Die St. Georgskirche ist schon von Weitem zu sehen

und Leben besteht. Hier wird nur ab und an in einer nahe gelegenen Grube mittels Sprengungen Gips abgebaut, aber vor jedem Einsatz wird dies unüberhörbar laut angekündigt, sodass genug Zeit bleibt, sich in Sicherheit zu bringen. Nach einiger Zeit stößt man wieder auf einen befestigten Schotterweg, dem man ein kurzes Stück nach links und gleich darauf wieder nach rechts, weiterhin am Irrbach entlang, folgt. Schließlich biegt man an einem Feld scharf nach links auf einen kaum erkennbaren Weg ab und kann in einiger Entfernung die ausgesprengten Gipshöhlen und bei gutem Wetter in weiter Ferne sogar die Hohenkottenheimer Weinberge erkennen.

Am Naturschutzgebiet entlang bis zum Schloss Seehaus

Damit ist man am 1960 ausgezeichneten Naturschutzgebiet Gipshöhle Höllern und Gipshügel Sieben Buckel angekommen. Hier befindet sich unter der Erdoberfläche das größte Gipshöhlensystem Süddeutschlands, das allerdings nicht betreten werden darf. Umso mehr freuen sich die hier zahlreich ansässigen Fledermäuse darüber, für die die Höhlen ein sicheres Winterquartier darstellen. Wir laufen nun am Naturschutzgebiet entlang und erfreuen uns des schönen Blühens und Gedeihens allerlei seltener Blumen und Pflanzen, wobei uns vor allem die zahlreichen Adonisröschen ins Auge springen. Aber auch die Kraterlandschaft des Gipsabbaugebiets auf der anderen Seite hat durchaus seinen Reiz. Auf dem weiteren Weg rücken langsam aber sicher der Kirchturm von Markt Nordheim sowie die Kapellenspitze von Schloss Seehaus in den Blick, auf die wir immer näher bergauf zulaufen. An Wiesen und Feldern vorbei gelangen wir schließlich auf einem befestigten Weg auf eine Bundesstraße, der wir einige Schritte nach rechts folgen, ehe wir linker Hand und an einigen Scheunen und Bauernhäusern vorbei Schloss Seehaus erreichen. Dieses ja weithin sichtbare Wahrzeichen Markt Nordheims wurde erstmals um 1300 erwähnt und gelangte früh in den Besitz der von Seinsheims. Es stand ursprünglich auf einer Insel in der Mitte eines Sees und trägt dies auch heute noch im Namen, obwohl der See längst trockengelegt wurde. Mehrfach zerstört und wieder aufgebaut ging das Schloss Mitte des 17. Jahrhunderts an die Grafen von Schwarzenberg, die ihm um 1780 sein heutiges

Aussehen mit der typisch barocken dreiflügeligen Anlage angedeihen ließen. Heute befindet sich das Schloss in Privatbesitz und ist jedes Jahr Gastgeber des *Fränkischen Sommers*. Gemeinsam mit dem Weingut Christoph Probst organisiert der Verein Schloss Seehaus e. V. zahlreiche Veranstaltungen rund um den Wein. Wir schreiten gemessenen Schrittes am Hauptgebäude mit dem imposanten Wappen vorbei und spitzen in den wunderhübschen Schlossgarten hinein, ehe wir die Anlage auf der anderen Seite wieder verlassen. Unser letztes Wegstück führt durch eine Allee und links am Dorfweiher entlang, bis wir über die Dorfstraße hinweg wieder an unserem Ausgangspunkt angelangt sind. Und jetzt haben wir es uns auch verdient, dem *Weingut Probst* mit seinen zahlreichen Genüssen einen ausführlichen Besuch abzustatten, ehe wir die Heimreise antreten.

Weinempfehlung

Aus dem reichhaltigen und traumhaften Angebot des *Weinguts Probst* entscheide ich mich für den Weißburgunder »P«, Kabinett, der durch seine frische Säure und feine Frucht besticht. Aber von dem unglaublichen Cidre muss man ebenfalls unbedingt etwas mit nach Hause nehmen, auch wenn er nicht aus den erlesenen Trauben vom Hohenkottenheim, sondern aus Erträgen der heimischen Streuobstwiesen gewonnen wurde.

Jan Castner

Informationen:

Gemeinde Markt Nordheim, Markt Nordheim 32, 91478 Markt Nordheim, Tel. 0 91 65/6 16, www.markt-nordheim.de

Weingut Werner Probst, Hauptstraße 35, 91478 Markt Nordheim, Tel. 0 91 65/12 31 oder 99 51 44, Fax 0 91 65/9 95 97 43. Beratung und Verkauf tägl. nach Vereinbarung möglich, www.weingut-probst.de

Schloss Seehaus, Seehaus 58, 91478 Markt Nordheim, Tel. 0 91 65/5 41, www.schloss-seehaus.de

Einkehrtipp:
Leider hat das erst im Jahr 2012 neu eröffnete Gasthaus *Zum Adler* schon wieder geschlossen, sodass es momentan in Markt Nordheim keine einzige Einkehrmöglichkeit gibt und man in die nähere Umgebung, wie beispielsweise nach Sugenheim, ausweichen muss: *Landgasthof Ehegrund*, Hauptstraße 30, 91484 Sugenheim, Tel. 09 16 5/3 60, Fax 0 91 65/4 60. Geöffnet Di–So 9.00–24.00, Mo Ruhetag, landgasthof-ehegrund.de.

Extras:
Am letzten Jul-WE findet das jährliche Weinfest statt, das Besucher aus nah und fern anzieht. Zudem veranstaltet das *Weingut Probst* das ganze Jahr hindurch zahlreiche Veranstaltungen rund um den Wein, oft in Zusammenarbeit mit Schloss Seehaus, wo zudem weitere kulturelle Events stattfinden.

Karte:
Fritsch Wanderkarte 1:50.000, Nr. 67, Naturpark Steigerwald.

19 Weigenheim

> **Tour:** Rundwanderung von Uffenheim ins mittelfränkische Weinanbaugebiet zu den Weinorten Ulsenheim und Weigenheim.
> **Länge:** Rund 14 km.
> **Dauer:** Gut 3 Std.
> **Höhenunterschied:** Ca. 80 m.
> **Markierungen:** Von Uffenheim bis Ulsenheim rotes Dreieck und das Main-Aisch-Radweg-Zeichen. Anschließend mit MN6 und MN2 bzw. mit der Weinparadiesweg-Traube zum Langen Berg und nach Weigenheim. Von dort zurück nach Uffenheim mit der Jakobsmuschel.
> **Familie:** Für kleine Kinder nicht geeignet. Auch Erwachsene müssen eine gute Kondition mitbringen.
> **Anfahrt:** *ÖPNV:* Mit der Bahn von Ansbach nach Uffenheim. Dann zu Fuß nach Ulsenheim. Wer die Route von Uffenheim nach Ulsenheim vermeiden möchte, kann den Bocksbeutel-Express (Buslinie 109) nutzen, der vom 1. Mai bis 1. Nov vom Uffenheimer Bahnhof am So zwei Mal, ab 1. Aug bis 1. Nov auch am Sa ein Mal von Ulsenheim nach Uffenheim unterwegs ist. *Kfz:* Auf der B 13 zum Bahnhof in Uffenheim. Dort parken.

Der mittelfränkische Weinanbau

Von den rund 6.000 Hektar, auf denen in Franken Wein angebaut wird, liegen lediglich etwa fünf Prozent, also ca. 300 Hektar, in Mittelfranken. Viele der mittelfränkischen Winzer haben oft nur knapp einen Hektar Rebfläche zur Verfügung und betreiben den Weinanbau im Nebenerwerb. Dies gilt auch für Weigenheim, wo es zurzeit noch 23 Winzer gibt, die zusammen knapp zehn Hektar besitzen. Und diese mittelfränkischen Winzer verstehen durchaus etwas von ihrem Handwerk, schließlich ist der Weinanbau hier seit Jahrhunderten Tradition. Auf den zumeist kleinen Parzellen wird fast immer alles per Hand erledigt, und die Winzer haben den Ehrgeiz, möglichst umweltschonend zu arbeiten und hohe Qualität zu erbringen. Davon werden wir uns auf unserer Tour überzeugen können.

Über Uttenhofen nach Ulsenheim

Wir verlassen den Uffenheimer Bahnhof nach links und gehen neben dem Bahndamm auf der Straße Am Bahnhof bis zur Ulsenheimer Straße vor. Hier durchschreiten wir links die Bahnunterführung, biegen dann mit dem roten Dreieck nach rechts ab und gehen eine ganze Weile neben dem Bahndamm entlang. Ein schmaler Pfad führt uns durch einen dichten Laubwald. Wir überqueren ein Bächlein, ignorieren danach die Markierung U2, die nach links abzweigt, und gehen weiter geradeaus. Nach gut zehn Minuten verlassen wir den Wald und werfen einen ersten Blick auf das reizvolle Gollachtal im Westen. Bald ist Uttenhofen erreicht. Bei dem *Gasthaus zur Linde* links halten und gleich danach rechts in die Dorfmitte gehen. Von dort aus führt uns das Main-Aisch-Radweg-Zeichen durch das Dorf und an einigen imposanten Bauernhöfen vorbei bis zum Ortsende. Nun sind es noch drei Kilometer bis Ulsenheim.

Es ist eine weitläufige und stimmungsvolle Landschaft, die wir vor uns haben, benannt nach dem Flüsschen Gollach, das linker Hand gemächlich dahinfließt und südöstlich von Ulsenheim entspringt. So weit das Auge reicht sanfte Hügel,

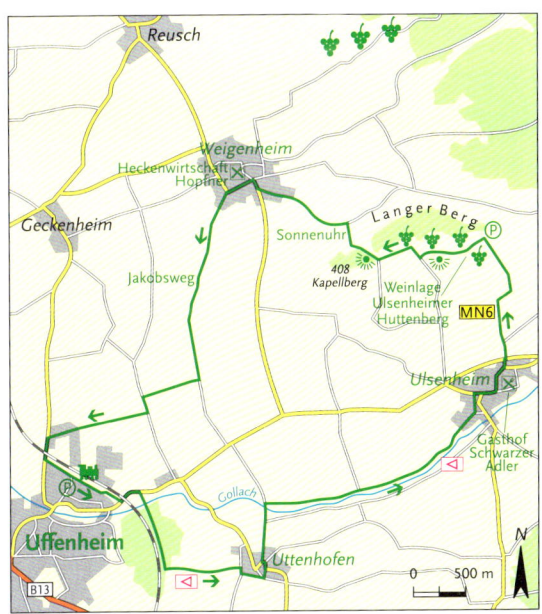

durchzogen von zahllosen Wiesen und Feldern. Immer wieder Buschwerk, Baumgruppen und einzelne Bäume – ein Naturpanorama zum Verlieben. Schon bald tauchen die ersten Häuser von Ulsenheim auf, überragt von dem spitzen Turm der evangelischen St. Jakobskirche.

In Ulsenheim angekommen schlendern wir gemütlich durch den Ort. Straßennamen fehlen, die Anwesen sind lediglich mit Hausnummern versehen. Ulsenheim war im April 1945 durch Luftangriffe zu 80 Prozent zerstört worden. Doch jetzt ist von den Schäden nichts mehr zu sehen, und Ulsenheim hat mit einer Reihe von Umweltprojekten viel Beachtung gefunden – so produziert der Ort seit Kurzem aus Photovoltaik- und Biogasanlagen das Dreifache des eigenen Bedarfs an Kilowattstunden. Die bis auf die Grundmauern eingeäscherte Kirche wurde 1949/50 wieder aufgebaut und erfreut durch eine schöne Innengestaltung. Wir kommen an gepflegten Vorgärten und einladenden Winzerhöfen vorbei, sehr beachtenswert auch der *Schwarze Adler*, ein Gasthof mit kulinarischen Überraschungen und eigenen Weinen vom Ulsenheimer Huttenberg. Diese Weinlage besteht aus neun Hektar malerischer Rebhänge am Langen Berg, den wir im Anschluss an unseren Bummel durch Ulsenheim sogleich aufsuchen werden.

Langer Berg und Kapellberg

Der Radweg-Markierung folgend verlassen wir Ulsenheim und überqueren die Verbindungsstraße Uffenheim–Herbolzheim. Auf Wanderkarten mit MN6 markiert und auf der Route selbst mit der Weinparadiesweg-Traube gekennzeichnet, führt unser Weg langsam bergauf zum Langen Berg. Kurz vor dem Parkplatz biegen wir mit der Traube und der Markierung MN2 nach links ab, nun beiderseits umrahmt von den kräftigen Weinstöcken der Lage Ulsenheimer Huttenberg. Zu unseren Füßen ein herrliches Panorama mit Blick auf Ulsenheim und zum Weg entlang der Gollach, den wir gerade zurückgelegt haben. Oberhalb der Rebstöcke dichter Wald, sodass der Reifeprozess der Trauben von kalten Nordwinden nicht beeinträchtigt werden kann. Ab und an kleine Weinberghäuschen, in die sich die Winzer bei Regen und zum Vespern zurückziehen. Der Weg entlang der Hang- und Steillagen ist auch als Naturlehrpfad angelegt: Während man auf einigen Tafeln viel Interessantes über

Die Sonnenuhr am
Weinparadiesweg
vor Weigenheim

die Geschichte und Besonderheiten des Weinanbaus erfährt, laden andere Tafeln hingegen zum Meditieren ein.

MN2 biegt nach links ab, wir aber gehen immer weiter geradeaus und folgen später auch der Paradiesweg-Traube nicht, die rechts in den Wald führt. Denn gerade an dieser Abzweigung beginnt der Kapellberg, der eines unserer Ziele ist. Nach kurzem Aufstieg ist die Spitze des 406 Meter hohen Hügels erreicht, wo wir mit einem grandiosem Ausblick auf das Gollachtal und auf die Weinlage Kapellberg mit den Rebhängen der Weinbauern in Weigenheim belohnt werden. Wir nehmen Kurs auf die Schutzhütte, errichtet vom dortigen Weinbauverein, und gehen am Rand des steil abfallenden Kapellbergs zu der aus Stein geschlagenen Sonnenuhr, auf der Weigenheim als »Tor zum Paradies« geadelt wird. Wir stehen jetzt gut 70 Meter über dem Weinort, gut erkennbar an dem hochragenden viereckigen Kirchturm. In der Ferne sind bei gutem Wetter gen Norden die Weinhänge am Hohen Landsberg klar zu erkennen. Hier unbedingt innehalten, um die wunderschöne, paradiesische Aussicht in vollen Zügen zu genießen.

Auf schmalem Pfad über Wiesen geht es anschließend beschwingt den Kapellberg hinunter – hier stoßen wir wieder auf die Weinparadiesweg-Traube – und erreichen auf geteertem Weg den Weinort Weigenheim. Die Kapellbergstraße bringt uns zur Hauptstraße, wo wir im Felsenkeller der *Heckenwirtschaft Hopfner* Gelegenheit haben, den Weigenheimer Wein ausgiebig zu testen.

Verkostung der Weigenheimer Tropfen

Wie für all die anderen Winzer im Ort ist der Weinanbau für Eduard Hopfner nur ein Nebenerwerb. Seine Anbaufläche beträgt rund einen Hektar auf den Lagen Kapellberg und Hohenlandsberg. Ausgeschenkt werden bei den Hopfners die Sorten Müller-Thurgau, Bacchus, Silvaner, Riesling, Domina und seit Kurzem auch die Neuzüchtung Monarch, eine Kreuzung der Reben Dornfelder, Muskat Ottonel und Merzling. Seit 2010 ist diese Rebe in Franken zugelassen, und Eduard Hopfner hat als Erster den Anbau in Franken gewagt, nicht zuletzt auch des-

Der Marktplatz von Uffenheim mit vielen, wunderschönen Fachwerkhäusern

halb, weil sich der Rebstock als äußerst resistent gegen Pilzbefall erwiesen hat.

Zu einem guten Tropfen gehört selbstverständlich ein gutes Essen. Da Heckenwirtschaften nur eine Brotzeit und keine warmen Mahlzeiten anbieten dürfen, stehen im *Felsenkeller* normalerweise Schinken- und Käsebrote, ein würziger Obatzter und Bratwürste auf dem Speiseplan. Wenn jedoch die Hopfners im Juni zur Rotweinnacht, im Juli zum Hofschoppenfest und Anfang September zum Weiherfest einladen – diese Sonderveranstaltungen müssen jeweils offiziell genehmigt werden –, wartet Elvira Hopfner je nach Jahreszeit mit Pizzen und Flammkuchen, mit Fischgerichten, Schweinesteaks oder mit Grillsau vom Spieß und Zwiebelplootz auf, und das zu einem außerordentlich gutem Preis-Leistungs-Verhältnis.

Vor oder nach der Einkehr im *Felsenkeller* ist vielleicht noch Zeit, sich in Weigenheim mit seinen pittoresken Innenhöfen, lauschigen Vorgärten und altehrwürdigen Bauernhöfen ein wenig umzusehen. Manchen Besucher wird Weigenheim, ähnlich wie viele andere der kleinen mittelfränkischen Weinorte, wie ein wiedergefundenes Paradies anmuten.

Bei der Rückkehr zum Uffenheimer Bahnhof folgen wir der Jakobsmuschel am Ende der Hauptstraße. Für die drei Kilometer ohne jegliche Steigung durch eine Landschaft ähnlich der im Gollachtal benötigen wir knapp eine Stunde. Von Anfang Mai bis 1. November könnte an Wochenenden zur Rückfahrt nach Uffenheim aber auch der Bocksbeutel-Express genutzt werden.

Weinempfehlung

Man sollte ihn unbedingt probieren, den roten Monarch, Lage Weigenheimer Hohenlandsberg, der mich hinsichtlich Färbung und Geschmack an den Spätburgunder erinnert hat und den es bisher ausschließlich in der *Heckenwirtschaft Hopfner* zu verkosten gibt. Etwas ganz Besonderes und gleichsam ein Geheimtipp ist auch der hausgemachte Sekt der Hopfners, gefertigt nach alten Traditionsrezepten und handgeschüttelt, sodass die Aromata vom Riesling und Domina unverfälscht erhalten bleiben.

Thilo Castner

Informationen:
Gemeinde Weigenheim, Kirchplatz 2, 97215 Weigenheim, Tel. 0 98 42/87 16, Fax 0 98 42/95 26 51.
Weinbau und Heckenwirtschaft *Felsenkeller*, Eduard Hopfner, Hauptstr. 17, Tel. 0 98 42/17 87, Fax 0 98 42/95 36 99. Geöffnet Mitte März–Ende Apr und Mitte Sep–Mitte Nov jeweils WE/Fei 11.00–20.00, für Gruppen nach Anmeldung jederzeit geöffnet. Weinkauf ebenfalls immer möglich, www.weinbau-hopfner.franken-regio.de

Einkehrtipp:
Landgasthof *Zum Schwarzen Adler*, Ulsenheim 47, 91478 Markt Nordheim, Tel. 0 98 42/82 06, Fax 0 98 42/78 00. Geöffnet Di–Sa 11.30–14.00 und 17.30–21.00, So 11.30–14.00 und 17.30–20.00, Mo Ruhetag, www.frankenurlaub.de
Gasthaus *Schwarzer Adler*, Hauptstr. 26, 97215 Weigenheim, Tel. 0 98 42/6 01, Fax 0 98 42/9 36 96 55. Di–So geöffnet ab 12.00, Mo Ruhetag, www.gastsein.de

Extras:
Weigenheimer Weinfest am 3. WE im Aug.
Straßenweinfest in Weigenheim mit Musik im Mai.

Karte:
Fritsch Wanderkarte 1:50.000, Nr. 67, Naturpark Steigerwald.

Ipsheim 20

Tour: Große Wanderroute durch die Weinlagen Hohenecker Rangen, Sonnenberg und Höll bei Ipsheim.
Länge: Etwa 6 km.
Dauer: 2½–3 Std.
Höhenunterschied: Ca. 150 m.
Markierung: Auf dem Rundweg grüne Traube mit roten Zeichen.
Familie: Für jede Altersgruppe mit guter Kondition zu schaffen.
Anfahrt: *ÖPNV:* Von Neustadt/Aisch mit der Regionalbahn R 81 nach Ipsheim. *Kfz:* Mit dem Auto auf der B 8 bis Neustadt/Aisch, dann die B 470 zum Ipsheimer Bahnhof. Dort parken.

Obwohl urkundliche Belege fehlen, ist davon auszugehen, dass bei Ipsheim bereits seit dem 9. Jahrhundert Rebstöcke angepflanzt wurden. Die vorzügliche, nach Süden ausgerichtete Lage unterhalb der Burg Hoheneck sowie die nährstoff- und mineralhaltigen Gipskeuperböden erwiesen sich frühzeitig als idealer Standort für den Weinanbau. Mit der Einleitung einer intensiven Flurbereinigung im Herbst 1979 wurden die drei Lagen Hohenecker Rangen, Höll und Sonnenberg zur Großlage Ipsheimer Burg Hoheneck zusammengefasst und nach modernsten Gesichtspunkten neu gestaltet. Jetzt kann das Oberflächenwasser gefahrlos abgeleitet und in großen Mengen in drei Vorschaltbecken aufgefangen werden. Außerdem sind die Weinberge durch geteerte Wirtschaftswege auf einer Länge von über acht Kilometern erschlossen und die Rebstöcke durch Schutzpflanzungen vor Winderosion und Kaltluftabfluss geschützt. Die Rebsorten Müller-Thurgau, Silvaner, Bacchus, Kerner und Riesling, aber auch Spätburgunder, Regent und Domina gedeihen hier auf das Vorzüglichste, sodass den Besucher bei einer Wanderung durch die Burg Hohenecker Lagen neben einer grandiosen Landschaft auch die Verkostung fränkischer Spitzenweine erwartet.

Eine mittelfränkische Weinidylle

Zur großen Wanderroute

Wir verlassen die Ipsheimer Bahnhaltestation nach links, überqueren die Bahngleise und gehen dann zügig Richtung Burg Hoheneck, rechts vorbei an der Friedhofskapelle. Am Ortsende von Ipsheim führt dann rechts ein Fußweg neben der Straße weiter, bis nach etwa zehn Minuten, vom Bahnhaltepunkt aus gerechnet, eine Infotafel erreicht ist, die wir einer genaueren Betrachtung unterziehen.

Zwei Wanderrouten durch die Rebhänge werden angeboten, eine lange Wanderung von sechs Kilometern um alle Lagen, und eine kurze und relativ leichte Strecke ohne größere Steigungen von vier Kilometern. Beide Routen sind mit einer grünen Traube markiert, die lange Strecke zusätzlich mit einem roten Zeichen, die kurze mit grünen Symbolen. Wer sich fit fühlt und das einmalig schöne Panorama aller drei Weinlagen kennenlernen möchte, wählt die lange Route, die im Folgenden auch beschrieben wird. Bei etwaigen Ermüdungserscheinungen während der langen Route bietet sich Gelegenheit, auf die kurze Route zu wechseln.

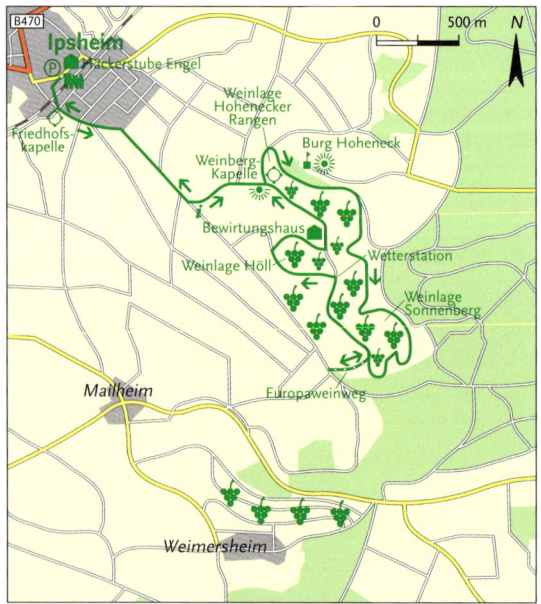

Seliger Bacchus mit Bocksbeutel auf dem Ipsheimer Marktplatz

Von den Hohenecker Rangen zur Lage Sonnenberg

Jetzt also linker Hand bergauf bis zu der 2010 errichteten Weinbergskapelle. Oben lohnt sich eine kurze Verschnaufpause, um die schöne Aussicht wahrzunehmen. Dann links weiter, auch wenn die Markierung Traube mit Rot hier leider fehlt. Der Anstieg wird steiler, und wir umrunden die Lage Hohenecker Rangen. Burg Hoheneck, ursprünglich im Besitz der Herren von Hohenlohe und später der Hohenzollern, seit 1953 Bildungsstätte des Nürnberger Kreisjugendrings, liegt unmittelbar über uns. Eine Besichtigung oder gar eine Einkehr in die Burg ist jedoch nicht möglich, sie ist nur für Seminare geöffnet. Der Blick schweift weit über Ipsheim hinaus nach Kaubenheim, Berolzheim und Rüdisbronn. Angebaut wird in den Hohenecker Lagen hauptsächlich Müller-Thurgau, der neuerdings wegen namensrechtlicher Probleme auch als Rivaner vermarktet wird. Ab und an laden Bänke und Sitzgruppen zum Verweilen und zum entspannten Genießen des wunderbaren Panoramas ein.

Eine mittelfränkische Weinidylle

Am höchsten Punkt der Route, wohl an die 100 Höhenmeter liegen hinter uns, geht es leicht bergab, und wir passieren zunächst einen etwa 20 Meter breiten Waldgürtel, dem wenig später ein weiterer und etwas breiterer Gürtel folgt. Dies sind gezielt angelegte Biotopflächen zur Verbesserung des Kleinklimas in den Weinbergen und zum Erhalt vieler Kleinlebewesen. Inzwischen haben wir die Lage Sonnenberg erreicht. Die Rebhänge schmiegen sich harmonisch an das Halbrund des Geländes. Unter uns findet man die Windsheimer Bucht, über uns dichte Hecken zum Abhalten kühler Nordwinde.

Mit der Markierung Traube mit Rot verlieren wir in weit ausholenden Schleifen schnell an Höhe. Bevor es wieder leicht bergauf geht, dort, wo links mit der grünen Traube ein Weg hinab ins Tal führt, erwartet uns, wenn wir an dieser Stelle links abbiegen, mit dem Europaweinberg eine besondere Attraktion. Dies bedeutet zwar einen Umweg von 200 zusätzlichen Metern, aber es lohnt sich. Denn der erst vor Kurzem angelegte Europaweinberg bietet 39 verschiedene Reben aller europäischen Länder, in denen Wein angebaut wird. Die Vielfältigkeit der Weinstöcke überrascht mit Sorten aus Bulgarien, Slowenien oder Rumänien, die bei uns in Deutschland völlig unbekannt sind – ein echtes Highlight!

Über den Rebhängen thront Burg Hoheneck

Nun zurück zu unserer Route und dann, wie bereits erwähnt, leicht bergauf. An der Wetterstation geht es dann links bergab. Zuvor informieren wir uns kurz, was es mit dieser Station auf sich hat. Mithilfe eines Thermohygrographen werden hier Temperatur, Blattnässe und Luftfeuchtigkeit gemessen, und ein Computer berechnet, ob und wann aufgrund der Witterung mit Pilzerkrankungen zu rechnen ist. Der Winzer kann auf Basis der ermittelten Prognose seine Pflanzenschutzmittel optimal dosieren und leistet so einen wichtigen Beitrag zur Gewährleistung einer umweltfreundlichen Bewirtschaftung.

Vom Bewirtungshaus zurück nach Ipsheim

Unmittelbar nach der Wetterstation also links halten. Wir befinden uns in der Weinlage Höll, die wir umrunden. Leider verlieren wir erneut an Höhe und müssen dann auf einer längeren Strecke wieder Höhenmeter zulegen, was jedoch leicht fallen dürfte, da bald das Bewirtungshaus erreicht ist. An warmen Sonn- und Feiertagen kann man hier gemütlich pausieren und die Vorzüge des Ipsheimer Weins zuzüglich einer zünftigen fränkischen Brotzeit probieren, gereicht von den Winzern des Ipsheimer Weinbauvereins. Anschließend trennen uns nur wenige Meter von der Weinbergkapelle, von der aus wir die sechs Kilometer lange Wanderroute begonnen haben, und von wo aus wir dann ohne Weiteres zurück nach Ipsheim finden.

Dort könnte man im *Schwarzen Adler* sowie im *Goldenen Hirsch* gepflegt einkehren und so nebenbei zwei Prachtbauten in Augenschein nehmen. Das stattliche Rathaus, in den 1780er Jahren erbaut, war ursprünglich für das Personal des Kastenamts bestimmt. Der trutzige Kastenbau mit Treppenturm und vier Geschossen schräg gegenüber ist gut 200 Jahre älter als das Rathaus. Dort wurden während der Markgrafenzeit die Abgaben der Untertanen, der Zehnte, aus insgesamt 35 Dörfern aufbewahrt und verwaltet – wodurch sich die überdimensionale Größe erklärt. Sehenswert ist auch die Pfarrkirche St. Johannis, eine ehemalige Wehrkirche mit zwei Türmen. Der Altar stammt aus dem Jahr 1738, die Kanzel entstand im 17. Jahrhundert.

Einfach undenkbar, Ipsheim zu verlassen, ohne sich mit dem dort gewonnenen Wein näher vertraut zu machen. Eine gute Gelegenheit bietet sich da in der Häckerstube *Engel*. Das Weingut besteht seit über 100 Jahren, und Thomas Schönleben, der jetzige Chef, gibt gern und erschöpfend Auskunft. In der Weinliste werden fünf Weißweine (Müller-Thurgau, Riesling, Silvaner, Grauburgunder, Bacchus), zwei Rotweine (Regent, Dornfelder) und ein Rotling angeboten, darunter mit Silber- und Bronzemedaille ausgezeichnete Prädikatsweine. Verkostung und Weinkauf sind nach Anmeldung jederzeit möglich.

Weinempfehlung

In vollen Zügen genossen habe ich den trockenen Grauburgunder, Lage Ipsheimer Burg Hoheneck, vom Weingut *Engel*, einen milden, vollmundigen Spitzenwein, der u. a. wunderbar zu Flammkuchen und Zwiebelplootz schmeckt.

Thilo Castner

Informationen:
Gemeinde Markt Ipsheim, Marktplatz 2, 91472 Ipsheim, Tel. 0 98 46/9 79 70, Fax 0 98 46/97 97 17, www.ipsheim.de
Weinbau und Häckerstube *Engel*, Bahnhofstr. 4, Tel. 0 98 46/2 57, Fax 0 98 46/97 72 63. Geöffnet am WE ab 14.00, www.weinbauengel.de

Einkehrtipp:
Gasthof *Schwarzer Adler*, Marktplatz 7, Tel. 0 98 46/2 18, Fax 0 98 46/97 88 42. Geöffnet Mo–Fr, So 11.00–14.00 und 17.00–20.30, Sa Ruhetag, www.gasthofschwarzeradler.de
Weinbau & Gasthof *Zum Goldenen Hirsch*, Kirchplatz 4, Tel. 0 98 46/3 17. Mi–Mo durchgehend geöffnet, Di Ruhetag, www.goldener-hirsch-ipsheim.de

Extras:
Am 1. WE im Sep Weinwandertag auf den Ipsheimer Weinbergen mit Bewirtung in »Weinnestern«.
Am 2. Sep-WE Weinfest des Weinbauvereins im Festzelt beim Sportplatz.

Karte:
Fritsch Wanderkarte 1:50.000, Nr. 67, Naturpark Steigerwald.

Zu den Autoren

Jan Castner, Jahrgang 1969, geboren in Nürnberg, lebt seit knapp 20 Jahren in Bamberg und ist dort an einem Gymnasium tätig. Er liebt und schätzt seine fränkische Heimat, die er unermüdlich durchfährt und durchstreift. Seine schönsten Eindrücke und Erlebnisse dieser Touren finden sich dann in diversen *Ausflugs-Verführern* des *ars vivendi verlags* wieder, beispielsweise im *Großstadt-Verführer*, oder in den *Ausflugs-Verführern Franken* und *Weinfranken*.

Dr. Thilo Castner, Jahrgang 1935, war bis 1998 Studiendirektor an der städtisch-staatlichen Wirtschaftsschule Nürnberg und ist seitdem immer wieder in seiner fränkischen Heimat unterwegs, um neue, verborgene Schätze Frankens zu entdecken. Als freier Mitarbeiter der *Nürnberger Nachrichten* hat er nicht nur zu aktuellen Fragen der Wirtschafts- und Sozialpolitik Stellung bezogen, sondern auch öfters gern gelesene Ausflugs- und Wandertipps veröffentlicht. Außer am *Kleinstadt-* und *Großstadtverführer* arbeitete er u.a. am *Wirtshaus-Verführer Franken* sowie an den *Ausflugsverführern Fränkische Schweiz, Weinfranken* und *Franken* mit.

Register

Abt-Ludwig-Hütte 55
Altmannsdorf 25–30
Aschaffenburg 84
Aschenberg 6, 100
Astheim 58, 62
Bamberg 15, 18, 20, 21
Berolzheim 143
Bischofsberg 85, 88
Breitbach 55
Buchbrunn 72, 73, 74, 75
Buchbrunnerberg 72, 73
Bullenheim 115, 116, 119–125
Burg Hoheneck 141, 142, 143, 144
Dettelbach 61, 63
Donnersdorf 28
Dornheim 115
Ebelsbach 10–17
Ebelsberg 10, 11, 15
Eibelstadt 94
Eichenrangen 21
Einersheim 98, 99, 100, 103, 112

Einkehrmöglichkeiten
- *Alter Gewölbekeller* 57
- *Altes Rathaus* 24
- *Alte Scheune* 57
- *Bayerischer Hof* 76
- *Behringer* 51
- *Der Löwenhof* 80, 81, 83
- *Deutscher Hof* 103, 104
- *Düll* 97
- *Down Town* 42, 43
- *Ehegrund* 133
- *Ehrbar Fränkische Weinstube* 106, 108, 111
- *Goldene Krone* 83
- *Goldener Löwe* 51
- *Goldener Stern* 103
- *Klosterschänke* 87, 90
- *Puglia* 43
- *Ritter Jörg* 97
- *Rödelseer Winzerstube* 83
- *Schwarzer Adler*, Ipsheim 145, 146
- *Schwarzer Adler*, Weigenheim 140
- *Weinkrug* 70
- *Weinscheune Schäfer* 12, 17
- *Wolzenkeller Homburg* 70
- *Zehendner* 12, 16
- *zum Falkenberg* 29, 30
- *Zum Goldenen Hirsch* 145, 146
- *Zum grünen Baum* 32, 33, 36, 37
- *Zum Riesen* 91
- *Zum Schwarzen Adler*, Ulsenheim 136, 140
- *zum Zabelstein* 25, 29, 30
- *Zur Bretzel* 91
- *Zur Krone*, Escherndorf 62, 63
- *Zur Krone*, Großheubach 91

Eltmann 10
Engelsberg 86
Escherndorf 58, 59, 60, 62, 63
Europaweinberg 144
Falkenberg 25, 27, 28, 29
Frickenhausen 105–111
Fröhstockheim 79
Gaibach 44–51
Geroldsbach 128

Gollach 135, 136
Gollachtal 135, 137, 139
Großharbach 124
Großheubach 84–91
Handthal 52, 54
Handthaler Bach 54
Haßberge 12, 18, 21, 22
Herbolzheim 130, 136
Herrenwald 12
Herrnberchtheim 120
Himmelstadt 38–43
Hohenkottenheim 126, 128, 129, 131, 132
Hoher Landsberg 137
Homburg 64–70
Hüttenheim 112–118, 123
Iphofen 9, 73, 77, 78, 80, 81, 82, 83, 98–104, 112, 124, 126
Ipsheim 141–146
Ippesheim 120, 124, 125
Irrbach 130, 131
Kalbberg 100, 101
Kallmuther Berg 65
Kammerforst 52, 55
Kapellberg 121, 122, 123, 136, 137, 138
Kaubenheim 143
Kitzingen 71–76, 82, 116, 158
Kleinheubach 86, 90
Kloster
- Engelberg 84, 85, 86, 88, 90
- St. Ludwig 32, 36

Köhler 59
Kunigundenwald 122
Langer Berg 136
Lerchenberg 64
Lengfurt 64, 69, 70

Main 14, 21, 31, 35, 36, 41, 42, 52, 59, 61, 62, 64, 66, 86, 92, 105
Mainbernheim 73, 79
Mainschleife 50, 51, 58, 63
Maintal 8, 13, 23, 32, 39, 41, 45, 65, 88, 89, 94, 107
Marktbreit 115
Michelsberg 18
Miltenberg 84, 86, 88, 89, 90, 91
Naturpark
- Frankenhöhe 130
- Haßberge 13, 18
- Steigerwald 130
Naturschutzgebiet
- Gipshöhle Höllern 129, 131
- Gipshügel Sieben Buckel 129, 131
- Mainauen 36
Nenzenheim 113, 115, 116
Neuhof 25, 26, 28
Neuses am Berg 58–63
Neusetz 61
Nordheim (Markt), Mittelfranken 58, 59, 126–133, 140
Nordheim, Unterfranken 126
Oberhaid 18, 19, 24
Oberschwarzach 52–57
Ochsenfurt 107
Odenwald 65, 84, 86
Paradieswein 124, 125
Possenheim 100
Rennweg 21, 22
Repperndorf 73, 74
Rettersheim 64
Rödelsee 73, 77, 79, 80, 81, 82, 83, 112
Rüdisbronn 143

Sandhof 20
Schlossberg 69, 100,
Schloss
- Crailsheim 77–83
- Einersheim 99
- Gaibach 46, 47, 51
- Gleisenau 12, 13, 16
- Homburg 66, 68, 69, 70
- Kleinheubach 86
- Oberschwarzach 52, 54
- Schwanberg 79,
- Seehaus 128, 130, 131, 132, 133
- Sommerhausen 95
Schnepfenbach 61
Schönbach 13
Schwanberg 73, 77, 78, 79, 81, 83, 98, 99, 104, 115
Schwarzach 52
Seinsheim 102, 116, 122, 123, 124
Sommerhausen 92–97,
Spessart 65, 75, 84
Staffelbach 18, 19, 22, 23
Stammheim 34
Steigerwald 14, 20, 22, 23, 25, 28, 52, 126
Steinbach 10, 13, 14, 15, 93, 96
Stettfeld 19
Stollberg 53, 54, 56
Stollburg 52, 53
Tannenberg 112, 113, 114, 115, 116, 117, 118, 119, 123,
Trennfeld 64
Traustadt 28
Uffenheim 134, 135, 139
Ulsenheim 134, 135, 136, 140
Unterhaid 18–24
Uttenhofen 135
Vogelgesangberg 100
Vogelsburg 34, 59

Volkach, Fluss 50
Volkach, Ortschaft 44, 45, 50, 51, 58, 62
Weigenheim 115, 124, 134–140
Weihnachtspostamt 38, 41, 43

Weingut, teilweise mit Einkehrmöglichkeit
- *GWF-Weingalerie Schloss Crailsheim 83*
- *Lorenzkellerei (Lothar Straub)* 87, 88, 90
- *MF Frankensekt (Martin Fischer)* 10, 11, 16
- *Weinbau Auer* 24
- *Weinbau Düll* 61, 63
- *Weinbau Klaus Weyrauther* 23, 24
- *Weinbau und Häckerstube Engel* 145, 146
- *Weingut am Sonnenwinkel* 29, 30
- *Weingut Artur Steinmann* 95, 96, 97
- *Weinbau und Heckenwirtschaft Felsenkeller (Eduard Hopfner)* 138, 139, 140
- *Weingut Groha* 55, 56, 57
- *Weingut Meintzinger* 108, 109, 110, 111
- *Weingut Thomas Götz* 49, 51
- *Weingut und Heckenwirtschaft Sebastian Lother* 34, 35, 37
- *Weingut & Weinkellerei Bernhard Völker* 73, 75, 76
- *Weingut & Winzerhof Emmerich* 101, 102, 103, 104

Register

- *Weingut Werner Probst* 126, 127, 132, 133
- *Weinhaus Pröstler* 42, 43
- *Winzerhof Blank* 67, 68, 69, 70

Weinlagen
- Bullenheimer Paradies 120, 123, 124, 125
- Domherr 98
- Donnersdorfer Zabelstein 27, 29
- Edelfrau 64, 66, 67
- Escherndorfer Fürstenberg 59
- Escherndorfer Lump 58, 59, 61
- Frickenhäuser Fischer 105, 109, 110
- Frickenhäuser Markgraf Babenberg 105
- Frickenhäuser Kapellenberg 105, 106, 109, 110
- Gaibacher Kapellenberg 48, 49, 50, 51
- Großheubacher Bischofsberg 85, 87
- Handthaler Stollberg 53, 54, 56
- Himmelstadter Kelter 38, 39
- Hohenecker Rangen 141, 143
- Hohenlandsberg 138, 139
- Höll 141, 145
- Homburger Kallmuth 64, 67, 69
- Iphöfer Kronsberg 98, 103
- Ipsheimer Burg Hoheneck 141
- Julius-Echter-Berg 79, 98
- Kalb 98, 101
- Kammerforster Teufel 52, 55, 56
- Kapellberg 137, 138
- Kitzinger Eselsberg 72, 74, 75, 76
- Lerchenberg 64, 66
- Neuseser Glatzen 58, 60, 63,
- Nonnenberg 10, 14, 15, 16
- Oberschwarzacher Herrenberg 52, 53, 54, 55, 56
- Obervolkacher Landsknecht 50
- Ölspiel 93
- Reifenstein 92, 93, 96
- Repperndorfer Kaiser Karl 74, 75
- Rödelseer Küchenmeister 75, 79, 80, 82
- Rödelseer Schwanleite 79, 80, 82
- Seinsheimer Hohenbühl 119, 122, 123
- Sonnenberg, Iphofen 100
- Sonnenberg, Ipsheim 141, 143, 144
- Sonnenwinkel 26, 27, 29, 30
- Staffelbacher Spitzlberg 19
- Steinbach 14, 15, 93, 96
- Sulzfelder Cyriakusberg 75
- Ulsenheimer Huttenberg 136
- Unterhaider Röthla 18, 19, 20
- Volkacher Kirchberg 45
- Volkacher Ratsherr 44, 45, 50,
- Wipfelder Zehntgraf 31, 32, 33, 35, 37
- Wolpenberg 64, 66

Register

- Zeiler Kapellenberg 15
- Zeiler Mönchshang 15
- Zeilitzheimer Heiligenberg 50

Weinsorten
- Acolon 42, 43, 110, 155
- Bacchus 15, 29, 34, 40, 42, 49, 56, 61, 88, 102, 115, 117, 124, 138, 141, 146, 152
- Blanc de Noir 88
- Blauburger 35, 67, 155
- Blauer Portugieser 115, 155
- Blauer Silvaner 73
- Blauer Spätburgunder 155
- Cabernet Dorsa 35
- Dornfelder 29, 43, 57, 61, 88, 115, 117, 124, 138, 146, 155, 156
- Domina 29, 49, 56, 61, 67, 72, 76, 102, 115, 117, 124, 138, 139, 141, 155
- Elbling 32
- Gewürztraminer 102, 153
- Grauburgunder 29, 34, 72, 82, 146, 152
- Heunisch 73, 151
- Junker 32
- Kerner 29, 34, 40, 42, 56, 61, 63, 72, 102, 115, 124, 141, 152
- Lemberger (Blaufränkisch) 43, 155, 156
- Merlot 88, 103, 156
- Monarch 138, 139, 156
- Müller-Thurgau (Rivaner) 15, 23, 29, 34, 37, 40, 42, 49, 51, 56, 57, 61, 67, 69, 88, 102, 115, 117, 124, 138, 141, 143, 146, 152, 153, 154, 155, 157
- Muskateller 32, 153
- Österreicher 32
- Portugieser 102, 155, 156, 157
- Regent 29, 141, 146, 157
- Riesling 34, 37, 49, 61, 67, 82, 88, 96, 98, 102, 110, 117, 138, 139,141, 146, 152, 153, 154, , 155
- Rotling 29, 49, 56, 57, 61, 117, 124, 146, 157,
- Saint Laurent 88
- Scheurebe 40, 42, 61, 102, 103, 115, 117, 153, 154
- Schwarzriesling
- Silvaner 15, 16, 29, 34, 40, 49, 51, 54, 56, 61, 67, 69, 72, 81, 82, 88, 102, 110, 115, 117, 124, 125, 138, 141, 146, 152, 153, 154, 155, 157
- Spätburgunder 34, 42, 67, 90, 115, 139, 141, 155
- Traminer 110, 154
- Weißburgunder 29, 42, 88, 117, 132, 154
- Weißer Gutedel 73, 152

Willanzheim 79, 112, 116, 118,
Windsheimer Bucht 144, 151
Winterhausen 92, 94,
Wipfeld 31–37
Würzburg 18, 40, 53, 69, 92, 105, 158, 159
Wolpenberg 64, 66
Zabelstein 25, 26, 27, 28, 29,
Zeil am Main 14, 15,
Zeilitzheim 48

Kleines Abc der empfohlenen Frankenweine

Die fränkischen Weißweine

Bacchus
Eine ertragreiche Neuzüchtung aus Silvaner, Riesling und Müller-Thurgau, ist aber nur von durchschnittlicher Qualität. Er ist ein würziger und bekömmlicher Wein, fruchtig und gehaltvoll, wenn er spät geerntet wird, und ist zu aromatischen Speisen zu empfehlen. Der Bacchus wird vorwiegend halbtrocken angeboten und zählt zu den beliebten, duftigen Trinkweinen. Er passt sehr gut zu Desserts und Mehlspeisen.

Grauburgunder
Der Grauburgunder aus dem Anbaugebiet Franken zählt zu den besten der Welt. Obwohl die Haut seiner Beeren rötlich gefärbt ist, gehört der Grauburgunder zu den Weißweinsorten. Diese in französischsprachigen Ländern unter dem Namen *Pinot gris* bekannte Rebsorte kann sowohl als süßer und gehaltvoller als auch als trockener Wein angebaut werden. In seiner süßen Form ist er auch unter dem Synonym Ruländer bekannt und wird gerne als Aperitif gereicht. Die trockene Variante hingegen passt besonders gut zu jeder Art von Fisch und Meeresfrüchten.

Kerner
Eine seit 1969 geschützte neue Rebsorte, gezüchtet aus blauem Trollinger und weißem Riesling. Beansprucht in Franken die klassischen Silvaner-Standorte, also Muschelkalkböden. Der Kerner ist dem Riesling ähnlich, würziger zwar, besitzt dafür aber weniger Rasse. Er passt besonders gut zu Kalbs-, Schweine- und Lammgerichten sowie zu schmackhaften Käsesorten.

Müller-Thurgau
Die 1882 von dem schweizerischen Pflanzenphysiologen Hermann Müller aus Thurgau geschaffene Züchtung ist nach neuesten Erkenntnissen der Forschung eine Kreuzung aus Silvaner und Gutedel und die in Franken am häufigsten anzutreffende Rebsorte (über 40 % der Anbaufläche). Er stellt relativ geringe Ansprüche an Klima und Boden, reift früh und bringt

umfangreiche Erträge. Er gilt wegen des geringen Säuregehalts als bekömmlicher und süffiger Zechwein und ist ein idealer Begleiter leichter und zart aromatischer Speisen.

Muskateller

Der Muskateller ist eine der ältesten kultivierten Rebsorten und war bereits in der Antike bei den Phöniziern und Griechen beliebt. Seine Beerenfarbe deckt je nach Variation das ganze Spektrum zwischen hellgelb und violett ab. Der gewonnene leichte Weißwein hat, wie sein Name bereits andeutet, ein intensives und markantes, aber unaufdringliches Muskatbukett. Er wird vorwiegend zu leichtem Essen getrunken. Obwohl der Muskateller schon im 12. Jahrhundert auch in Deutschland bekannt war, wird er heute selten angebaut, da er eher zu den anspruchsvollen Rebsorten gehört und viel Wärme braucht. Auch im Anbaugebiet Franken gehört er zu den Exoten unter den Rebsorten.

Ortega

Eine Neuzüchtung aus Müller-Thurgau und Siegerrebe (Madeleine Angevine x Gewürztraminer) der Bayerischen Landesanstalt für Wein-, Obst- und Gartenbau aus dem Jahr 1948. Die ertragreiche Traube wird in Franken nur sehr selten angebaut und stellt an Böden und Lagen keine hohen Ansprüche. Die Reben sind früh reif. Der Wein hat ein feines Bukett und eine harmonische Fülle und ist gut lagerfähig.

Riesling

Er gilt als der »König der Weißweine«, kann jedoch in Franken nur in den besten und sonnigsten Lagen angebaut werden, da die Trauben relativ spät reifen und sehr hohe Ansprüche an die Bodenverhältnisse stellen. Dort jedoch, wo er im Frankenland günstige Bedingungen vorfindet, kommen seine Spezifika – eine belebende Fruchtsäure, ein hoher Extraktgehalt und eine duftige Blume – voll zur Entfaltung. Der Riesling erreicht eine hohe Lagerfähigkeit und schmeckt besonders zu herzhaften Vorspeisen, Fisch- und Schalengerichten sowie zu hellem Fleisch und delikaten Soßen.

Scheurebe

Eine von dem deutschen Züchter G. Scheu 1916 gezüchtete robuste Kreuzung aus Silvaner und Riesling. Die Rebe verlangt eine gute Lage und reift erst in den letzten sonnigen Herbsttagen. Infolgedessen hat die Scheurebe ein belebendes und würziges Bukett. Sie schmeckt vorzüglich zu pikanten Speisen, zu kräftigen Fleisch- und herzhaften Fischgerichten. Auch als Aperitif und zum Dessert geeignet.

Silvaner

Die Traube wurde Mitte des 17. Jahrhunderts in Franken heimisch und war bis in die 50er Jahre des 20. Jahrhunderts die am häufigsten anzutreffende Rebsorte im Frankenland. Diesen Rang hat jedoch inzwischen der Müller-Thurgau eingenommen. Der Name »Sylvaner« wird mit einiger Sicherheit auf Transsilvanien (Siebenbürgen) zurückgeführt. Die Traube selbst, wie man heute dank moderner genetischer Analyseverfahren weiß, ist eine Kreuzung von Traminer und Österreichisch Weiß. Silvanerwein wird überwiegend als mild, harmonisch, fruchtig, körperreich und breit beschrieben, hat einen feinen Duft und eine angenehme Säure. Neben dem Riesling gilt der Silvaner als die edelste Sorte, was ihm die Bezeichnung »Frankenriesling« eingebracht hat. Er passt zu vielen Speisen und hat eine mittlere bis späte Reifeperiode.

Traminer

Als eine der ältesten und besten Sorten wurde die Rebe vermutlich bereits von den Römern angebaut. In Franken spielt der Traminer allerdings nach wie vor nur eine untergeordnete Rolle, wahrscheinlich deshalb, weil die spät reifende und sehr zuckerreiche Rebe hohe Ansprüche an Lage und Boden stellt und im Ertrag sehr unsicher ist. Andererseits sind Traminerweine von hoher Qualität. Das Bukett erinnert an Wildrose und Vanille. Schmeckt vorzüglich zu jedem Menü und besonders auch zu Desserts.

Weißburgunder

Ein echter Vertreter des »Weinadels«. Ist mengenmäßig unsicher. Benötigt warme, windgeschützte bis sehr gute Lagen und ist hierin dem Silvaner ähnlich. Spritzige Weißburgunder sind zu leichten Gerichten wie z. B. Spargel zu empfehlen, kräftige zu Fisch- und Nudelgerichten.

Die fränkischen Rotweine

Acolon
Diese Kreuzung aus Lemberger und Dornfelder erhielt erst 2002 die Zulassung vom Bundessortenamt. Danach wurde der Acolon v. a. in Baden-Württemberg sehr beliebt, aber auch Franken zählt zu seinen Anbaugebieten. Acolon reift früh und benötigt wie Silvaner und Müller-Thurgau eine gute Lage, um sein Aroma ideal ausbilden zu können. Dann aber kann aus dieser Rebsorte ein farbintensiver, kräftiger Wein werden, der mit seinen dezenten Tanninen und Fruchtaromen begeistert und sich gut als Begleiter zu deftigen Fleischgerichten eignet.

Blauburger
1923 in Österreich aus einer Kreuzung von Blauem Portugieser und Lemberger entstanden. Obwohl sie eigentlich nicht anspruchsvoll ist, kann diese Rebsorte stark an geschmacklicher Intensität verlieren, wenn sie zu dicht oder unter zu ungünstigen Bedingungen angebaut wird. Deshalb und wegen seiner schönen blauschwarzen Farbe wird der Blauburger oft auch als Verschnitt- oder Deckwein benutzt, nur selten wird er reinsortig abgefüllt. Der aus dieser Traube gekelterte Wein hat einen sehr samtigen und vollmundigen Geschmack. Manchmal weist sein Bukett auch ein leichtes Beerenaroma auf, das an Johannisbeeren oder Holunder erinnert. Er passt zu jedem deftigen Essen und ist auch als reiner Trinkwein vorzüglich geeignet.

Blauer Spätburgunder
Gilt als Riesling der Rotweine und ist der bedeutendste und beste der roten Weine nicht nur in Franken. Liebt Buntsandsteinböden und eine lange Reifezeit. Wie die meisten Rotweine ist der Spätburgunder gut lagerungsfähig. Zu empfehlen zu Wildgerichten, Kurzgebratenem und aromatischen Käsesorten.

Domina
Eine erfolgreiche Neuzüchtung aus Portugieser und Blauem Spätburgunder aus dem Jahr 1927. Wird vorwiegend in Franken angebaut und ist ein farbintensiver und säurehaltiger Wein, der hervorragend zu Wild, Rinderbraten und dunklen Soßen schmeckt.